会计电算化

（畅捷通 T3 版）

李 晴 陈 瑾 编著

黑龙江大学出版社
HEILONGJIANG UNIVERSITY PRESS

哈尔滨

图书在版编目（CIP）数据

会计电算化：畅捷通 T3 版 / 李晴，陈瑾编著．--
哈尔滨 ： 黑龙江大学出版社，2023.7
ISBN 978-7-5686-0964-7

Ⅰ．①会⋯ Ⅱ．①李⋯ ②陈⋯ Ⅲ．①会计电算化
Ⅳ．① F232

中国国家版本馆 CIP 数据核字（2023）第 048924 号

会计电算化（畅捷通 T3 版）
KUAIJI DIANSUANHUA（CHANGJIETONG T3 BAN）
李　晴　陈　瑾　编著

责任编辑　张永生
出版发行　黑龙江大学出版社
地　　址　哈尔滨市南岗区学府三道街 36 号
印　　刷　北京虎彩文化传播有限公司
开　　本　787 毫米 ×1092 毫米　1/16
印　　张　8
字　　数　190 千
版　　次　2023 年 7 月第 1 版
印　　次　2023 年 7 月第 1 次印刷
书　　号　ISBN 978-7-5686-0964-7
定　　价　32.00 元

前　　言

"会计电算化"是中等职业学校会计专业学生必修的一门实用性较强的核心课程。本教材依据教育部发布的《中等职业学校会计专业教学标准(试行)》、财政部发布的《企业会计准则》(2020年版)等的有关规定,以"畅捷通T3版"软件为平台,从会计信息化实际应用的角度出发,阐述了会计电算化的基本知识,并以会计电算化的工作过程为主线,系统介绍了企业会计电算化岗位应当具备的基本操作知识与技能。

全书共设置了5个项目,即总账系统、工资系统、固定资产系统、财务报表系统和购销存系统,并围绕企业工作岗位所需的操作技能在各项目中分别设计了若干学习任务,每个学习任务则按照"任务描述""知识储备""任务实施"3个板块进行讲解。

本教材注重将理论与实际操作及训练方法融为一体,少理论、多操作、少文字、多图片,借助大量的软件操作图片对会计电算化的实际操作过程做了分解和阐述,力求提高学生的职业技能和综合素质,培养学生严谨的工作作风和认真的工作态度。

需要特别强调的是,由于学生要按照教材案例的操作指引向软件系统中录入课程教学所需的完整的文字和数据信息,包括企业的名称、地址、税号、开户行、银行账号等和个人的姓名、性别、银行账号等,所以编者在案例中虚构了相应内容,如有雷同纯属巧合。

本教材的建议学时为108学时(如下表所示),各学校在使用时可根据各自的实际情况和需要适当调整。

项目序号	系统名称	学时			
		机动	讲授	实训	合计
项目1	总账系统	—	10	28	38
项目2	工资系统	—	4	8	12
项目3	固定资产系统	—	4	8	12
项目4	财务报表系统	—	2	6	8
项目5	购销存系统	—	12	22	34
机动		4	—	—	4
合计		4	32	72	108

本教材由大连商业学校李晴、大连职工大学陈瑾共同编写,两人同为作者,排名不分先后。其中,李晴编写了第一章、第二章和第三章,陈瑾编写了第四章和第五章。在本教材的编写过程中,兄弟学校的老师及相关企业的专业人士提出了宝贵意见,在此一并表示感谢。

　　由于编者水平有限,书中疏漏在所难免,敬请广大师生及读者批评指正。

李晴　陈瑾

2023 年 6 月

目　　录

项目 1　总账系统

会计电算化有广义和狭义之分。广义的会计电算化是指与实现会计工作电算化有关的所有工作,包括会计电算化软件的开发与应用、会计电算化人才的培训、会计电算化的宏观规划、会计电算化的制度建设以及会计电算化软件市场的培育与发展等。狭义的会计电算化是指使用计算机替代手工进行记账、算账及报账等会计核算工作,它实质上是一门同时涉及会计学、企业管理学以及信息技术等的综合类学科,也是实现会计信息化的基础。

目前会计电算化在企业的经营工作中已经得到了极其广泛的应用。要开展会计电算化工作,首先就要在会计电算化软件(本书以"畅捷通 T3"系统为例)上建立账套并开设总账系统,然后向总账系统中录入企业的基本信息,建立起企业的信息体系,才能处理日常会计业务,如执行凭证填制、审核、签字等操作。

任务 1.1　账套初始设置

【学习目标】

1. 能够正确建立会计账套。
2. 能够添加操作员并为其设定权限。
3. 能够对"畅捷通 T3"系统进行日常维护。

【知识结构】

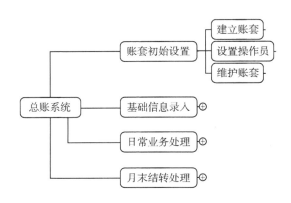

1.1.1　建立账套

【任务描述】

在使用"畅捷通 T3"系统运行账套前,系统管理员需先为企业建立一个账套,该账套应包含企业的基本信息,并按照其财务要求设定核算类型及编码方案。

【知识储备】

第一次使用会计软件处理财务工作,需要先把企业的账套信息添加到系统中,主要内容包括核算单位名称、所属行业、启用时间、编码规则等,这个过程称为创建账套,简称"建账"。然后才能在此基础上启用各个子系统,并处理相应的业务。

【任务实施】

一、业务资料

以下为与建账有关的企业案例资料。

(一)账套信息

1. 账套号:001。

2. 账套名称:北京悦华服装有限公司。

3. 账套路径:系统默认。

4. 启用会计期:2019 年 1 月。

5. 会计期间设置:1 月 1 日至 12 月 31 日。

(二)企业基本信息

1. 北京悦华服装有限公司(简称悦华公司,下同)是专门从事服装批发业务的商贸企业,公司法定代表人为陈佳。

2. 该公司为一般纳税人(税号为:220233537878545)。

3. 公司地址:北京市朝阳区东阳路 25 号。

(三)核算类型

1. 本币代码:RMB。

2. 本币名称:人民币。

3. 企业类型:商业。

4. 行业性质:2018 年新会计准则。

(四)分类编码方案

1. 科目编码级次:4-2-2-2。

2. 其他编码方案按系统默认设置。

二、操作步骤

以系统管理员(admin)身份登录系统管理软件,开始建立账套。

1.启用系统管理。

(1)双击桌面上的"系统管理"图标,打开窗口。

(2)在菜单栏执行"系统"|"注册"命令,打开"注册[控制台]"对话框,在"用户名"文本框中录入"admin",密码为空。

(3)单击"确定"按钮,进入"系统管理"窗口。

2.建立账套。

3.在"系统管理"的菜单栏执行"账套"|"建立"命令,打开"创建账套"|"账套信息"对话框。

4.依次录入:"账套号"为"001","账套名称"为"北京悦华服装有限公司","启用会计期"为"2019年1月"。(如图1-1所示)

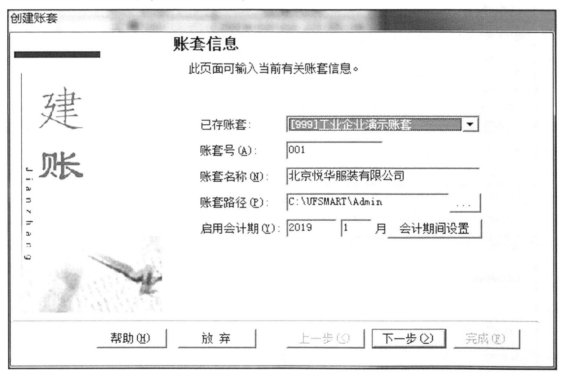

图1-1　　"创建账套"|"账套信息"窗口

5.单击"下一步"按钮,打开"创建账套"|"单位信息"对话框,录入单位信息。

6.单击"下一步"按钮,打开"创建账套"|"核算类型"对话框,选择"企业类型"为"商业",单击"按行业性质预置科目"复选框。(如图1-2所示)

7.单击"下一步"按钮,对客户、供应商进行分类,同时选中"有无外币核算"复选框。

8.单击"下一步"按钮,打开"创建账套"|"业务流程"对话框;单击"完成"按钮,然后在弹出的对话框中选择"是"。(如图1-3所示)

9.在系统自动弹出的"分类编码方案"对话框中,将"科目编码级次"修改为"4-2-2-2",然后单击"确定"按钮;在"数据精度定义"窗口,单击"确定"按钮;在弹出的"创建账套"

对话框中，单击"确定"按钮；在弹出的"是否立即启用账套"对话框中选择"是"，即可完成账套创建。

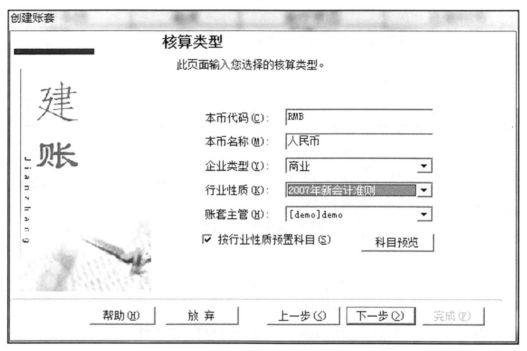

图 1-2 "创建账套"丨"核算类型"窗口

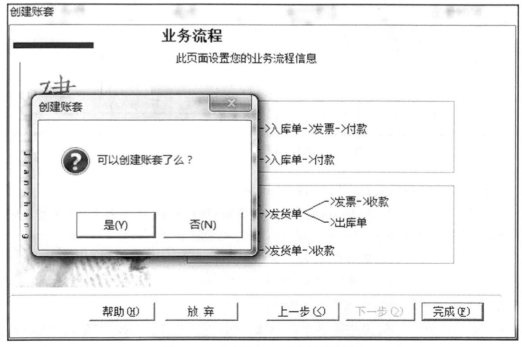

图 1-3 "创建账套"丨"业务流程"窗口

提示：

在"创建账套"|"业务流程"界面单击"完成"按钮并在弹出的对话框中选择"是"后，系统需要花费一点时间进行数据创建，请耐心等待，随后就会弹出"分类编码方案"对话框。账套创建完成后，如需修改，必须以账套主管的身份登录系统，然后执行"账套"|"修改"命令。

1.1.2 设置操作员

【任务描述】

系统管理员完成建账后，需要添加操作员，操作员可以登录系统进行相关操作。同时，还要为每个操作员设定权限，使其在各自的权限范围内分工合作。

【知识储备】

系统操作员又称"用户"，是指有权限登录系统并进行相关操作的人员。只有被赋予了具体的用户身份，操作员才能进行相应的操作。操作员每次登录系统时，系统都会要求其输入密码，以验证其身份的合法性。系统管理员应对操作员进行管理，操作员管理包括操作员的增加、修改和删除等。

为保障系统和数据的安全，系统提供了操作员及其操作权限的集中管理功能。对操作员实行分工和权限管理，既可以避免与业务无关的人员进入系统，也可以通过协调系统各个模块的操作来保证操作员各司其职、各负其责。

【任务实施】

一、业务资料

拟设置的操作员及其权限见表1-1。

表1-1 操作员及其权限

编号	姓名	口令	所属部门	权限
01	章曼	111	财务部	账套主管
02	杨颖	222	人力资源部	工资管理
03	王紫	333	设备部	固定资产

二、操作步骤

1. 增加操作员

（1）以系统管理员（admin）身份登录"系统管理"，执行"权限"|"操作员"命令，打开"操

作员管理"窗口。

（2）单击"增加"按钮,打开"增加操作员"对话框,然后分别录入拟增加操作员的编号、姓名、所属部门及口令。

（3）继续单击"增加"按钮,完成所有操作员的增加工作。这时系统将显示操作员名单。

2. 设置操作员权限

（1）以系统管理员身份登录"系统管理",在菜单栏选中"权限",打开"操作员权限"窗口;选中"01 章曼"后,单击"账套主管"复选框。

（2）选中"02 杨颖"后,单击"增加"按钮,打开"增加权限–［02］"对话框;双击"产品分类选择"区域中的"WA　工资管理"选项后,单击"确定"按钮。

（3）重复以上操作,完成"03 王紫"的权限设置。

1.1.3　维护账套

【任务描述】

系统操作员每次退出账套前都应对其所做操作进行保存和备份,而且下次也只有先把备份文件引入"畅捷通 T3"系统才可打开账套。

【知识储备】

维护账套就是对系统中的账套数据进行输出（或删除）、引入等操作。

输出账套是指将所选的账套数据进行备份。为了保障系统数据的安全,系统管理员应定时将数据备份并存储到不同的介质（如 U 盘、移动硬盘、光盘、网盘等）上。如果由于不可抗力因素（如地震、火灾、计算机病毒、人为错误操作等）数据遭到破坏,那么企业要对丢失数据进行恢复时,备份数据就可以起到关键作用。

引入账套是指将备份的账套数据导入系统,也可以理解为读取账套进度。

提示：

　　账套的输出和引入只有系统管理员才有操作权限,因此操作时需要注意登录身份的转换。

【任务实施】

一、输出账套

1. 以系统管理员（admin）身份进入"系统管理"窗口后,执行"账套"|"备份"命令,打开"账套输出"对话框。

2. 从"账套号"下拉列表中选择需要输出的账套,单击"确定"按钮。

3. 系统会对所要输出的账套数据进行压缩处理。数据压缩完成后,打开"选择备份目标"对话框。

4. 选定存放账套备份数据的文件夹后,单击"确定"按钮;系统弹出"硬盘备份完毕!"提示框后,单击"确定"按钮,返回。

二、引入账套

1. 以系统管理员(admin)身份进入"系统管理"窗口后,执行"账套"|"恢复"命令,打开"恢复账套数据"对话框。

2. 选择需要引入的账套数据备份文件(备份文件前缀为"UF2KAct"),单击"打开"按钮。

3. 在弹出的"此项操作将覆盖账套当前的所有信息,继续吗?"提示框中单击"是"后,系统开始进行账套数据的引入;待弹出"账套引入成功!"提示框后,单击"确定"按钮,返回。

任务 1.2　基础信息录入

【学习目标】

1. 能够正确设置总账系统参数。

2. 能够建立企业内部及往来单位的档案。

3. 能够灵活调整会计科目。

4. 能够将企业账目的期初余额录入"畅捷通 T3"系统。

【知识结构】

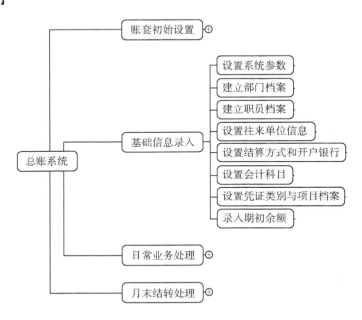

1.2.1　设置系统参数

【任务描述】

初次进入总账系统时,账套主管应按照企业财务要求为其设置系统参数,以便操作员在处理日常业务时根据总账系统参数进行相应的核算和管理。

【知识储备】

总账系统参数设置,包括凭证、账簿和会计日历等参数的设置。其中需要重点设置的是凭证参数,如制单序时控制、资金及往来赤字控制、允许修改和作废他人凭证等。

【任务实施】

一、业务资料

财务主管在对悦华公司的经营状况和未来发展进行分析研究后,建议通过增加操作员人数来提高工作效率。

1. 拟增加的操作员及其权限见表1-2。

表 1-2　新增操作员

编号	姓名	口令	所属部门	权限
04	陈明宏	444	财务部	总账、工资管理、固定资产
05	王一欢	555	财务部	总账中的出纳签字、现金流量

2. 需要设置的总账系统参数见表1-3。

表 1-3　总账系统参数

参数	设置要求
凭证	制单采取序时控制 不进行支票控制 选择资金及往来赤字控制 允许修改和作废他人凭证 凭证编号方式采取系统编号 打印凭证页脚姓名 出纳凭证必须经由出纳签字 外币核算选择固定汇率 不进行预算控制
账簿	账簿打印位数、每页打印数,按照软件的标准设置(默认设置) 明细账打印按年排页
会计日历	会计日历为 2019 年 1 月 1 日—2019 年 12 月 31 日
其他	数量小数位、单价小数位和本位币精度,均设为"2" 部门、个人及项目,按照编码排序

二、操作步骤

1. 增加操作员

(1) 在"系统管理"窗口执行"权限" | "操作员"命令,打开"操作员管理"窗口。

(2) 录入新增加的操作员(04 和 05)的姓名、部门和口令。

(3) 为新增操作员设置权限。

2. 启用总账系统

(1) 双击"畅捷通 T3"软件图标,打开"注册[控制台]"对话框。

(2) 在"注册[控制台]"对话框中,依次录入:"用户名"为"01",密码为"111";按 Enter 键,然后在"账套"下拉列表中选择"[001]北京悦华服装有限公司",在"会计年度"下拉列表中选择"2019",在"操作日期"下拉列表中选择"2019-01-01"。(如图 1-4 所示)

(3) 单击"确定"按钮,返回。

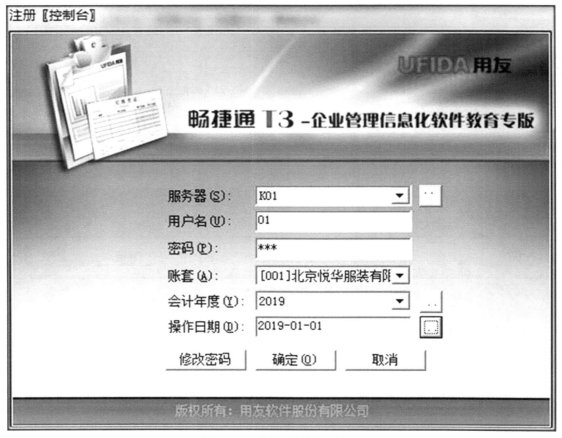

图 1-4 "注册[控制台]"窗口

3. 设置总账系统参数

(1) 打开总账模块,执行"设置" | "选项"命令;打开"选项"对话框,然后根据总账系统

参数表对"选项"对话框中的默认内容进行调整。

（2）进入"凭证"栏，在"凭证控制"区域选中"出纳凭证必须经由出纳签字"复选框，取消勾选"预算控制"。

（3）进入"账簿"栏，单击"明细账打印方式"区域的"按年排页"，其他按系统默认。

（4）进入"会计日历"栏，可以查看各会计期间的起始日期与结束日期。

（5）进入"其他"栏，将数量小数位、单价小数位和本位币精度均设为"2"，将部门、个人、项目的排序方式均选定为"按编码排序"。（如图 1-5 所示）

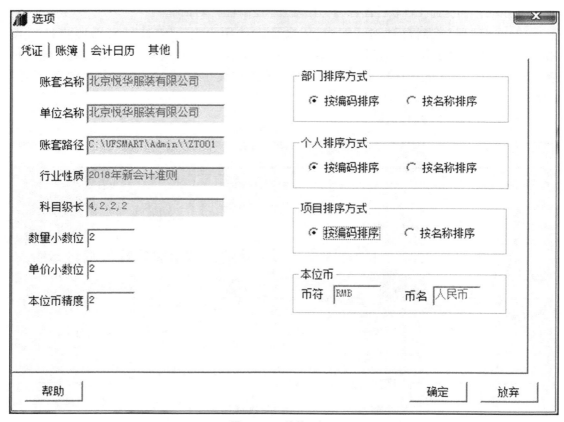

图 1-5　"其他"窗口

（6）单击"确定"按钮，返回。

提示：

1. 总账管理的启用日期不能设定在系统的启用日期之前，否则系统无法运行。

2. 一旦系统录入余额，总账的启用日期就不能再更改。

1.2.2 建立部门档案

【任务描述】

日常核算需要按照部门进行分类和汇总,因此操作员应将企业各个部门的信息录入"畅捷通 T3"系统,建立部门档案。

【知识储备】

这里所说的"部门",是指某使用单位下辖的、能够分别进行财务核算或业务管理的单元体,如企业的生产车间、采购部门和销售部门等。部门档案主要用于设置企业各职能部门的信息,包括部门的编码、名称、负责人、属性和信用等。

【任务实施】

一、业务资料

拟建立的部门档案见表1-4。

表 1-4 部门档案

编码	部门名称	负责人
1	总经理办公室	陈志伟
2	财务部	章曼
3	销售部	李建飞
4	采购部	刘军越
5	仓管部	李悦丽
6	人力资源部	王智勇
7	设备部	李艳芳

二、操作步骤

1. 以账套主管(01 章曼)身份登录"畅捷通 T3"系统,打开软件窗口。

2. 执行"基础设置"|"机构设置"|"部门档案"命令,打开"部门档案"窗口;单击"增加"按钮,录入部门信息:部门编码为"1",部门名称为"总经理办公室"。

3. 单击"保存"按钮。

4. 重复以上操作完成其他部门信息录入,建立起部门档案。

1.2.3 建立职员档案

【任务描述】

在"畅捷通 T3"的工资系统中,操作员如果要对企业职员的工资等信息进行设置,就要先将职员信息录入总账系统,建立职员档案。

【知识储备】

"职员档案"其实就是一个记录本企业使用"畅捷通 T3"系统的职员列表。"职员"是指在企业的各个职能部门中,参与企业的业务活动且需要对其进行核算和业务管理的人员,如采购员、库管员、销售员等。职员档案的内容主要包括职员的编号、名称(姓名)、所属部门及属性等信息。

【任务实施】

一、业务资料

拟建立的职员档案见表1-5。

表1-5　职员档案

职员编号	职员名称	所属部门	职员属性	银行账号	性别
101	陈志伟	总经理办公室	经理人员	11022033111	男
102	陈华军	总经理办公室	管理人员	11022033112	男
201	章曼	财务部	经理人员	11022033113	女
202	陈明宏	财务部	管理人员	11022033114	男
203	王一欢	财务部	管理人员	11022033115	女
301	李建飞	销售部	经理人员	11022033116	男
302	夏明雪	销售部	业务人员	11022033117	女
303	王宇静	销售部	业务人员	11022033118	女
304	王长生	销售部	业务人员	11022033119	男
401	刘军越	采购部	经理人员	11022033120	男
402	肖长冰	采购部	业务人员	11022033121	男
501	李悦丽	仓管部	经理人员	11022033122	女
502	刘智兴	仓管部	管理人员	11022033123	男
601	王智勇	人力资源部	经理人员	11022033124	男
602	杨颖	人力资源部	管理人员	11022033125	女
701	李艳芳	设备部	经理人员	11022033126	女
702	王紫	设备部	管理人员	11022033127	女

二、操作步骤

1.以账套主管(01 章曼)身份登录"畅捷通 T3"系统,执行"基础设置"|"机构设置"|"职员档案"命令,打开"职员档案"窗口;单击"增加"按钮,录入信息:职员编号为"101",职员名称为"陈志伟",所属部门选择下拉菜单中的"总经理办公室"(同时选择或录入部门编码"1"),职员属性为"经理人员"。

2. 按 Enter 键，继续增加其他职员信息。

3. 单击"退出"按钮，在菜单栏"基础设置"中依次单击"机构设置""部门档案"，打开"部门档案"窗口。

4. 在"部门档案"窗口中选中"总经理办公室"，单击"修改"按钮，录入负责人为"陈志伟"并保存。

5. 依照上述步骤设定其他部门负责人。

提示：

1. 由于部门档案要先建立，因此职员档案建立完毕后各部门负责人的设定需要返回部门档案进行操作。

2. 部门档案和职员档案的信息，一经使用就不能再删除或更改。

1.2.4　设置往来单位信息

【任务描述】

建账初期，需将客户和供应商，即往来单位的资料录入"畅捷通 T3"系统，建立客户及供应商档案，以便进行日常业务处理。

【知识储备】

在会计电算化中，"往来管理"并不是指往来科目管理，而是指对往来单位和往来个人的辅助管理。往来核算包括个人（职工）往来核算和单位（客户和供应商）往来核算，个人往来核算是指企业与职工之间发生的业务，单位往来核算是指企业与客户和供应商之间发生的各种债权债务业务。

客户档案和供应商档案中都包含与业务相关的大量信息，并被分别置于"基本""联系""信用""其他"四个选项卡（也称页签）中。其中需要重点关注的是"信用"选项卡，该选项卡中记录着与客户信用有关的数据，如折扣率、信用等级等。

【任务实施】

一、业务资料

1. 客户分类信息见表 1-6。

表 1-6　客户分类信息

分类编码	分类名称
01	零售商
02	批发商

2. 客户档案见表 1-7。

表 1-7　客户档案

编码	名称	客户	分类编码	税号	开户银行	银行账号	地址
001	北京润华商贸有限公司	润华商场	01	110120379378112	中国工商银行北京市发民分理处	0100001004105321361	北京市朝阳区发民路 1 号
002	北京福兴商贸有限公司	福兴公司	02	110612796101044	中国工商银行北京市华家分理处	0200001005102501894	北京市海淀区华家路 22 号
003	河北佳润商业有限公司	佳润公司	02	110876970363123	中国工商银行东令分理处	0200001006625010524	河北省保定市东令区太平路 78 号

3. 供应商分类信息见表 1-8。

表 1-8　供应商分类

分类编码	分类名称	分类编码	分类名称
01	服装商	03	代销商
02	批发商	04	运输商

4. 供应商档案见表 1-9。

表 1-9　供应商档案

编码	名称	简称	分类编码	币种	税号	开户银行	银行账号	地址
001	广州发源服装有限公司	发源服装	01	人民币	440055556666688	中国工商银行广州市湖滨分理处	0200005010106130636	广州市天河区如河路 9 号

续表

编码	名称	简称	分类编码	币种	税号	开户银行	银行账号	地址
002	广东正旺服饰有限公司	正旺公司	02	人民币	440605763367662	中国农业银行广州市滨北分理处	460000500610631064	广州市南沙区滨北路88号
003	北京平东服装有限公司	平东公司	03	人民币	110681179012341	浦发银行北京市致民分理处	5532505362105323	北京市海淀区民东路4号
004	北京南发运输有限责任公司	南发运输	04	人民币	440574987577588366	招商银行北京市明光分理处	5532505362106794	北京市海淀区春光路22号

二、操作步骤

1. 设置客户分类

（1）执行"基础设置"|"往来单位"|"客户分类"命令,打开"客户分类"窗口。

（2）单击"增加"按钮,录入信息:"分类编码"为"01","分类名称"为"零售商";单击"保存"按钮。

（3）根据表1-6录入其他客户类别资料。

（4）单击"退出"按钮。

2. 设置客户档案

（1）执行"基础设置"|"往来单位"|"客户档案"命令,打开"客户档案"窗口。

（2）双击"零售商",将其选中(变蓝色)。

（3）单击"增加"按钮,进入"客户档案卡片"窗口,然后在"基本"页签中录入客户的基本信息,包括客户的编号、名称、税号等。

（4）进入"联系"页签,录入客户的地址、电话等。

（5）单击"保存"按钮。

（6）重复以上操作,逐个增加其他客户的"客户档案卡片",完成客户档案的建立,然后单击"退出"按钮。

提示:

1. 客户分类编码和名称必须最先手动录入,其他信息可根据实际情况后续添加。

2. 客户档案必须在客户分类的最末级分支下添加,各层级呈树状。

---

3. 设置供应商分类

（1）执行"基础设置"｜"往来单位"｜"供应商分类"命令，打开"供应商分类"窗口。

（2）单击"增加"按钮，录入信息："分类编码"为"01"，"分类名称"为"服装商"。

（3）单击"保存"按钮。

（4）根据表1-8录入其他供应商类别资料。

（5）单击"退出"按钮。

4. 设置供应商档案

（1）执行"基础设置"｜"往来单位"｜"供应商档案"命令，打开"供应商档案"窗口。

（2）双击"01 服装商"，将其选中（变蓝色）。

（3）单击"增加"按钮，进入"供应商档案卡片"窗口，在"基本"页签中录入供应商的基本信息，包括供应商的编号、名称、税号等。

（4）进入"联系"页签，录入供应商的地址、电话等。

（5）单击"保存"按钮。

（6）重复以上操作，逐个增加其他供应商的"供应商档案卡片"，完成供应商档案的建立，然后单击"退出"按钮，返回。

1.2.5　设置结算方式和开户银行

【任务描述】

操作员应将企业的结算方式进行编码并预置到总账系统中，然后录入开户银行的名称及账号等。

【知识储备】

为了便于管理和提高企业与银行对账的效率，"畅捷通 T3"系统提供了设置银行结算方式的功能，用来建立和管理企业在经营活动中所涉及的结算方式。系统中的结算方式与财务结算方式基本一致，也分为现金结算、支票结算等。结算方式的设置内容主要包括结算方式编码、结算方式名称、票据管理标志等。同时，系统还提供了维护企业的开户银行信息，支持企业拥有多个开户行及账号的功能。

【任务实施】

一、业务资料

1. 企业结算方式信息见表1-10。

表 1-10　结算方式信息

结算方式编码	结算方式名称	票据管理
1	现金	否
2	支票	是
201	现金支票	是

续表

结算方式编码	结算方式名称	票据管理
202	转账支票	是
3	银行汇票	否
4	电汇	否

2. 开户银行信息如下：

（1）开户银行编号：01。

（2）开户银行名称：中国工商银行北京朝阳支行。

（3）账号：0200001000106646567。

二、操作步骤

1. 设置结算方式

（1）执行"基础设置"|"收付结算"|"结算方式"命令，打开"结算方式"窗口。

（2）单击"增加"按钮，然后在"结算方式编码"框中录入"1"，在"结算方式名称"框中录入"现金"。

（3）单击"保存"按钮。

（4）重复以上操作，逐一增加其他结算方式。

（5）单击"退出"按钮。

2. 设置开户银行

（1）执行"基础设置"|"收付结算"|"开户银行"命令，打开"开户银行"窗口。

（2）单击"增加"按钮，依次录入开户银行编号、开户银行名称及银行账号等信息。

（3）单击"保存"按钮。

（4）单击"退出"按钮。

1.2.6　设置会计科目

【任务描述】

由于"畅捷通 T3"系统中的会计准则所预置的会计科目与企业实际应用的会计科目存在差别，因此操作员需要对系统中的会计科目进行增加、修改、删除和指定等操作。

【知识储备】

会计科目是对会计对象具体内容进行分类核算的目录，它是填制凭证、登记账簿和编制报表的基础。会计科目设置的完整性影响着会计工作的顺利实施，同时会计科目设置的层次性也直接影响着会计核算的详细性和准确性。

设置会计科目就是将企业会计科目逐一按要求录入"畅捷通 T3"系统，需要录入的基本内容包括科目编码、科目名称、科目类型、账页格式以及辅助核算等。

科目编码设置要求：一级科目编码按照财政部的统一编码方案进行设置；明细科目编码

按照总账系统参数设置中对于科目编码级次和级长的规定进行设置。

科目名称包括会计科目的中文或英文名称,它是证、账、表上显示和打印的标志,也是企业与外部交流信息使用的标志。

科目类型,即按照会计科目的性质将其分成的类型。

账页格式,即根据会计核算的需要对会计账簿进行格式定义,一般分为金额式、外币金额式、数量金额式、数量外币式等几种。

辅助核算,是指企业为了满足对某些业务的核算和管理,除完成一般的总账、明细账核算外,还可以设置辅助账。辅助账主要包括外币、个人往来、客户往来、供应商往来、部门、项目等的核算,以及银行账和日记账。

提示:

　　成功设置会计科目后,还需对会计科目进行指定。指定会计科目,就是指定出纳员专门管理的科目。只有完成会计科目指定,才能执行出纳签字命令,才能查看现金日记账和银行存款日记账。

【任务实施】

一、业务资料

1. 设置(增加、删除或修改)会计科目需要根据期初余额(见表1-11)来进行。

表 1-11　期初余额

科目编码	科目名称	辅助账	余额方向	期初余额/元
1001	库存现金	日记账	借	478 476.00
1002	银行存款	—	借	1 299 267.00
100201	工行存款	银行账、日记账	借	1 299 267.00
1012	其他货币资金	—	借	—
101201	银行汇票存款	—	借	—
1122	应收账款	客户往来	借	13 350.00
1221	其他应收款	个人往来	借	2 011.00
1402	在途物资	—	借	—
1403	原材料	—	借	—
1405	库存商品	项目核算	借	596 000.00
1601	固定资产	—	借	896 511.00

续表

科目编码	科目名称	辅助账	余额方向	期初余额/元
1602	累计折旧	—	贷	81 692.00
1604	在建工程	—	借	67 131.00
1606	固定资产清理	—	借	—
2001	短期借款	—	贷	100 011.00
2202	应付账款	—	贷	72 000.00
220201	暂估应付款	—	贷	—
220202	一般应付账款	供应商往来	贷	72 000.00
2211	应付职工薪酬	—	贷	664 691.00
221101	职工工资	—	贷	101 222.00
221102	职工福利费	—	贷	20 011.00
221103	社会保险费	—	贷	303 887.00
221104	住房公积金	—	贷	204 571.00
221105	工会经费	—	贷	15 000.00
221106	职工教育经费	—	贷	20 000.00
221107	非货币性福利	—	贷	—
2221	应交税费	—	贷	21 900.00
222101	应交增值税	—	贷	—
222102	未交增值税	—	贷	9 000.00
222103	应交所得税	—	贷	11 400.00
222104	应交个人所得税	—	贷	500.00
222105	应交城市维护建设税	—	贷	700.00
222106	应交教育费附加	—	贷	300.00
2231	应付利息	—	贷	—
2241	其他应付款	—	贷	—
2501	长期借款	—	贷	—
2701	长期应付款	—	贷	—
4001	实收资本	—	贷	1 913 507.00
4002	资本公积	—	贷	—

续表

科目编码	科目名称	辅助账	余额方向	期初余额/元
4101	盈余公积	—	贷	59 886.00
410101	法定盈余公积	—	贷	59 886.00
4103	本年利润	—	贷	45 611.00
4104	利润分配	—	贷	393 448.00
410401	未分配利润	—	贷	393 448.00
6001	主营业务收入	项目核算	贷	—
6051	其他业务收入	—	贷	—
6301	营业外收入	—	贷	—
6401	主营业务成本	项目核算	借	—
6402	其他业务成本	—	借	—
6403	营业税金及附加	—	借	—
6601	销售费用	—	借	—
660201	办公费	部门核算	借	—
660202	差旅费	部门核算	借	—
660203	折旧费	部门核算	借	—
660204	业务招待费	部门核算	借	—
660205	职工薪酬	—	借	—
660210	其他	—	借	—
6603	财务费用	—	借	—

2. 指定"库存现金"为现金总账科目，"银行存款"为银行总账科目。

二、操作步骤

1. 增加会计科目

(1)执行"基础设置"|"财务"|"会计科目"命令，打开"会计科目"窗口。

(2)单击"增加"按钮，打开"会计科目_新增"对话框。

(3)依次录入科目编码、科目中文名称，并在"账页格式"下拉菜单中选择"金额式"。

(4)单击"确定"按钮，系统将保存所增加的科目并返回。

(5)重复以上操作，逐一增加系统预置科目中缺少的会计科目。

> **提示：**
>
> 　　1. 增加的会计科目编码长度要按照期初定义好的编码级次规则设定。
>
> 　　2. 下级科目的辅助核算项目与上级科目的辅助核算项目可以不相同，下级科目之间的辅助核算项目也可以不相同。当下级科目的辅助核算项目不一致时，其上级科目不能设置辅助核算。
>
> 　　3. 在增加下级科目时，系统默认其类型与上级科目保持一致。
>
> 　　4. 已使用过的末级会计科目不能再增加下级科目。

　　2. 修改会计科目

　　（1）执行"基础设置"|"财务"|"会计科目"命令，打开"会计科目"窗口。

　　（2）选中拟修改的会计科目，单击"修改"按钮，打开"会计科目_修改"对话框。

　　（3）单击"修改"按钮，进入修改状态。

　　（4）修改录入完毕，在"辅助核算"区域勾选"项目核算"复选框。

　　（5）单击"确定"按钮，返回。

　　（6）重复以上操作，逐个修改其他会计科目。

> **提示：**
>
> 　　1. 科目名称、账页格式、辅助核算、数量核算、汇总打印、封存等，都可通过"修改"功能完成修改。
>
> 　　2. 已经使用过的末级会计科目不能再修改科目编码。
>
> 　　3. 非末级会计科目的科目编码不能修改或删除。
>
> 　　4. 已有数据的会计科目，应先将该科目及其下级科目余额清零后，才能修改或删除。

　　3. 删除会计科目

　　（1）执行"基础设置"|"财务"|"会计科目"命令，打开"会计科目"窗口。

　　（2）将光标定在拟删除的会计科目上。

　　（3）单击"删除"按钮，打开"删除记录"对话框。

　　（4）单击"确定"按钮，返回。

　　（5）重复以上步骤，逐个删除其他会计科目。

　　4. 指定会计科目

　　（1）执行"基础设置"|"财务"|"会计科目"命令，打开"会计科目"窗口。

　　（2）执行"编辑"|"指定科目"命令，打开"指定科目"对话框。

　　（3）单击"现金总账科目"按钮。

　　（4）在"待选科目"区域选中"1001 库存现金"科目，单击">"按钮，系统会自动将其添加到"已选科目"区域。

　　（5）单击"确定"按钮，返回。

（6）重复以上操作，继续指定银行总账科目。

> **提示：**
> 1. 已被指定的会计科目不可删除，只有先取消指定才能删除。
> 2. 在进行科目指定前，应对"库存现金"和"银行存款"科目的性质做出修改，并选中"日记账"复选框。

1.2.7 设置凭证类别与项目档案

【任务描述】

企业需要根据财务部应用的会计凭证类型在总账系统中设置凭证类别。同时，还要对所销售的商品进行分类，以便于核算管理。

【知识储备】

在使用"畅捷通 T3"系统录入凭证之前，应根据企业的管理和核算要求在系统中设置凭证类别，按照类别对凭证进行编制和管理便于记账和汇总。

系统提供了常用的凭证分类方式，企业可以从中选择，也可以根据实际情况自行定义。如果是第一次进行凭证类别设置，则可按照收款凭证、付款凭证、转账凭证的分类方式进行定义。

总账系统除完成一般的总账、明细账核算外，还提供了项目核算等辅助核算功能。在系统中可以定义多类项目核算，并可将具有相同特性的一类项目定义为一个项目大类。为便于管理，每个项目大类还可以再进行明细分类，然后在最末级明细分类下建立具体的项目档案。

【任务实施】

一、业务资料

1. 凭证类别：记账凭证。
2. 项目档案见表1-12。

表 1-12 项目档案

项目大类	商品项目管理	
核算项目	库存商品、主营业务收入、主营业务成本	
项目分类	1 高档服装	2 一般服装
项目目录	101 女士套裙	201 男士上衣 202 男士西裤 203 女士毛衫 204 儿童套装

二、操作步骤

1. 设置凭证类别

（1）执行"基础设置"|"财务"|"凭证类别"命令,打开"凭证类别预置"对话框。

（2）单击"记账凭证"按钮。

（3）单击"确定"按钮,进入"凭证类别"窗口。

（4）双击"记账凭证"行上的"限制类型"所在单元格。

（5）在"限制类型"下拉列表中,选择"无限制"。

（6）单击"退出"按钮,返回。

提示：

　　凭证类别一旦确认,不能修改。

---

2. 设置项目档案

（1）执行"基础设置"|"财务"|"项目目录"命令,打开"项目档案"窗口。

（2）单击"增加"按钮,打开"项目大类定义_增加"对话框。

（3）进入"项目大类名称"页签,录入新项目大类名称"商品项目管理",然后选择"普通项目"。（如图1-6所示）

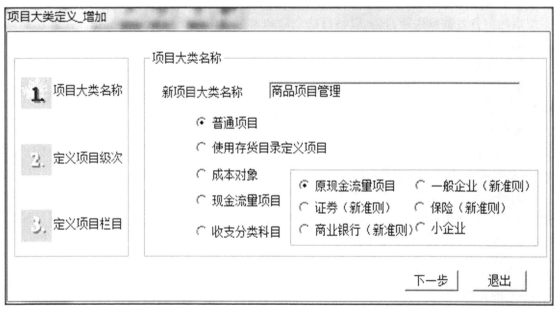

图1-6　"项目大类定义_增加"对话框

（4）单击"下一步"按钮,进入"定义项目级次"页签,然后选择项目级次为"一级"和"一位"。

（5）单击"下一步"按钮,进入"定义项目栏目"页签,"定义项目栏目"选择系统默认值。

（6）单击"完成"按钮，保存设置并退出。

（7）进入"项目档案"窗口，选中项目大类"商品项目管理"，单击"核算科目"单选按钮，然后单击"⋙"按钮，将待选科目列表框中的科目全部添加到已选科目框中。

（8）单击"确定"按钮，保存。

（9）选中"项目分类定义"单选项目，录入分类编码"1"和分类名称"高档服装"。

（10）单击"确定"按钮，保存。

（11）参照上述步骤，继续定义其他项目分类。

（12）选中"项目目录"单选按钮，单击"维护"按钮，打开"项目目录维护"窗口。

（13）单击"增加"按钮，录入项目编号"101"和项目名称"女式套裙"，"是否结算"栏为空，所属分类码为"1"。

1.2.8　录入期初余额

【任务描述】

总账系统基础信息录入的最后一步就是录入企业总账的期初余额。操作员需根据期初余额表中的资料录入会计科目期初余额，并进行试算平衡。

【知识储备】

为了保证业务处理的连续性，总账系统在第一次投入使用前需录入各种基础数据，然后才能以此为起点继续未来的业务处理。这些基础数据主要包括各明细科目的年初余额以及系统启用前各月的发生额，其上级科目的余额和发生额由系统自动进行汇总。需要注意的是，如果是数量金额式科目的话，还应录入相应的数量和单价。

在录入期初余额时，如果某一科目中设置了辅助核算类别，那么还应录入辅助核算类别的有关期初余额。录入完毕后，为了保证数据的准确性，满足数据间的平衡关系，还要对数据进行校验。

如果企业选择年初建账，那么由于各科目本年度尚无发生额，只需准备各科目期初余额即可，因此可以大大简化数据的准备工作，而这也正是很多企业选择年初建账的原因。此外，年初建账也能保证年度数据的完整性，便于今后进行数据对比分析。

期初余额录入完成后，单击工具栏的"试算"按钮进行余额的试算平衡，可以保证初始数据的正确性。如果期初余额试算不平衡的话，可以填制凭证，但不能记账；如果记账已经完毕，则不能再录入或修改期初余额。

【任务实施】

一、业务资料

根据表 1-11 以及应收账款期初余额（见表 1-13）、应付账款期初余额（见表 1-14）、其他应收款期初余额（见表 1-15）、库存商品期初余额（见表 1-16），录入 2019 年 1 月有关科目的期初余额。

表 1-13 应收账款期初余额

开票日期	凭证号	客户	摘要	方向	金额/元	业务员	票号	票据日期
2018-12-20	记-13	佳润公司	销售商品	借	13 350.00	夏明雪	1254	2018-12-20

表 1-14 应付账款期初余额

开票日期	凭证号	供应商	摘要	方向	金额/元	业务员	票据日期
2018-12-20	记-15	金源公司	采购商品	贷	72 000.00	刘军越	2018-12-20

表 1-15 其他应收款期初余额

日期	凭证号	部门	个人	摘要	方向	金额/元
2018-12-29	记-30	财务部	王一欢	出差借款	借	2 011.00

表 1-16 库存商品期初余额

项目	数量	单价/元	方向	金额/元
男式西裤	2 000	100.00	借	200 000.00
女式套裙	400	750.00	借	300 000.00
女式毛衫	400	150.00	借	60 000.00
男式上衣	100	300.00	借	30 000.00
儿童套装	30	200.00	借	6 000.00

二、操作步骤

1. 录入基本科目期初余额

(1)执行"总账"|"设置"|"期初余额"命令,打开"期初余额录入"窗口。

(2)将光标定在"1001 库存现金"科目的期初余额栏,录入期初余额"478 476"。

(3)将光标定在"100201 工行存款"科目上,录入期初余额"1 299 267",然后系统会自动计算上一级科目余额。

(4)重复上述操作,继续录入其他会计科目余额。

提示：

在期初余额录入界面中，白色底纹的单元格均要求用户自行录入数据；蓝色底纹的单元格均要求用户额外在辅助关联界面录入金额、日期以及业务内容等详细信息；淡黄色单元格表示本格内容由"畅捷通 T3"系统自行加总，用户无法录入。

2.录入辅助核算科目期初余额

（1）在"期初余额录入"窗口，双击"应收账款"科目的"期初余额"栏。

（2）在弹出的"客户往来期初"对话框中，单击"增加"按钮。

（3）依次录入信息："凭证号"为"记-13"，客户为"佳润公司"，"摘要"为"销售商品"，系统默认方向为"借"，金额为"13 350"，"业务员"为"夏明雪"，"票号"为"1254"，"票据日期"为"2018-12-20"。

（4）录入完毕后，单击"退出"按钮。

（5）重复上述操作，继续录入其他辅助核算科目余额。

（6）所有余额录入完毕后，单击"试算"按钮，查看余额试算平衡表，检查余额是否平衡。

（7）单击"确定"按钮，返回。

任务 1.3　日常业务处理

【学习目标】

1.能够根据企业日常业务填制、审核凭证。

2.能够将审核后的凭证进行记账处理。

3.能够熟练查询各种总账账簿。

【知识结构】

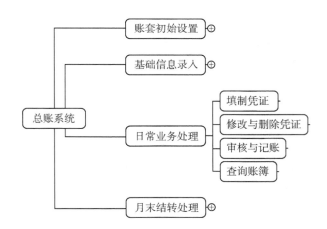

1.3.1　填制凭证

【任务描述】

总账系统的基本信息录入完成后即可进行日常业务处理,其中填制凭证是最为重要的日常工作。

【知识储备】

记账凭证是登记账簿的依据,是总账系统唯一的数据来源,而填制凭证则是最基础和最频繁的工作。填制凭证的功能包括增加凭证、修改凭证、删除凭证和查询凭证。

记账凭证一般包括两个部分:一是凭证头部分,包括凭证类别、凭证编号、凭证日期和附件张数等;二是凭证正文部分,包括摘要、科目、借贷方向、金额等。

【任务实施】

一、业务资料

悦华公司 2019 年 1 月份发生的经济业务及相关会计分录如下,以会计(04 陈明宏)的身份登录"畅捷通 T3"系统,填制相关的记账凭证。

[业务 1]6 日,银行通知本公司收到润华商场支付的上年 2 月 5 日部分欠款,共 25 866.00 元,原业务员为王一欢。(银汇№:2580;原票号:1212)

借:银行存款	25 866.00
贷:应收账款-润华商场	25 866.00

[业务 2]8 日,财务部开出支票(№:12445)支付本月职工薪酬,并结转应交的个人所得税和应付的社保费。

借:应付职工薪酬-工资	85 000.00
贷:银行存款	74 839.00
应交税费-应交个人所得税	6 910.00
其他应付款	3 251.00

[业务 3]9 日,开出支票(№:12461)支付总经理办公室办公用品费 1 000.00 元。

借:管理费用-办公费	1 000.00
贷:银行存款	1 000.00

[业务 4]10 日,银行通知本公司收到润华商场支付的上年 3 月 6 日部分欠款,共 1 660.00 元,原业务员为王长生。(银汇№:2581;原票号:1213)

借:银行存款	1 660.00
贷:应收账款-润华商场	1 660.00

[业务 5]20 日,销售部夏明雪向福兴公司销售女式套裙 100 套,每套 815.00 元;货已发出并开具增值税专用发票(№:01404024),委托收款手续也已办理。

借:应收账款-福兴公司	92 095.00

贷：主营业务收入　　　　　　　　　　　　　　81 500.00

应交税费-应交增值税（销项税额）　　　　　　10 595.00

[业务 6]23 日，结转本月销售女式套裙 100 套的成本，单位成本 200.00 元。

借：主营业务成本　　　　　　　　　　　　　　20 000.00

贷：库存商品-女式套裙　　　　　　　　　　　　20 000.00

[业务 7]25 日，采购部刘军越从金源公司购入男式西裤 100 条，不含税价款为 8 100.00 元，增值税进项税为 1 053.00 元；商品已验收入库，货款未付。（票号：1234）

借：库存商品-男式西裤　　　　　　　　　　　　8 100.00

应交税费-应交增值税（进项税额）　　　　　　1 053.00

贷：应付账款-金源公司　　　　　　　　　　　　9 153.00

[业务 8]26 日，收到设备部李艳芳上交的打印机赔偿金 800.00 元。（票号：2233）

借：库存现金　　　　　　　　　　　　　　　　800.00

贷：其他应收款-李艳芳　　　　　　　　　　　　800.00

[业务 9]27 日，收到润华商场支付的上年 1 月 6 日部分欠款，共 2 000.00 元，原业务员为王长生。（银汇№：2582；原票号：1214）

借：银行存款　　　　　　　　　　　　　　　　2 000.00

贷：应收账款-润华商场　　　　　　　　　　　　2 000.00

二、操作步骤

以会计（04 陈明宏）的身份进入总账系统，填制相关记账凭证。

1. 录入凭证头部分（以[业务 6]为例）

（1）执行"总账"|"凭证"|"填制凭证"命令，打开"填制凭证"窗口。

（2）单击"增加"按钮，增加一张新凭证。

（3）在"凭证类别"下拉列表中选中"记账凭证"选项。

（4）在"制单日期"处录入"2019.01.27"。

（5）在"附单据数"处录入"2"。

提示：

1. 采用序时控制时，凭证日期应大于等于启用日期，但不能超过业务日期。

2. 凭证一旦保存，凭证类别和凭证编号均不能修改。

---

2. 录入主体账凭证（继续完成[业务 6]）

（1）根据业务信息依次录入摘要、借方科目名称，并在弹出的"项目名称"对话框中选中"女式套裙"，单击"确定"，然后录入借方金额。

（2）按 Enter 键，继续录入下一行信息，这时系统会自动弹出摘要。

（3）录入贷方科目及金额后，单击"保存"按钮。

> **提示:**
>
> 　　1. 正文中不同行的摘要可以相同也可以不同,但不能为空。当摘要相同时,第二行以后的摘要可以直接按 Enter 键自动填写。
>
> 　　2. 会计科目可通过录入科目编码或科目助记码来查找。需要指出的是,科目编码必须是末级的。
>
> 　　3. 借贷方的金额不能为"0";红字以"-"号表示。

3. 录入辅助核算业务凭证

（1）录入待核银行账的凭证（以[业务 9]为例）

①先完成凭证头部分的录入,然后录入摘要及借方科目。由于"1002"科目为银行科目,系统会自动打开"辅助项"对话框。

②在"辅助项"对话框中,设置结算方式为"3"、票号为"2582"、发生日期为"2019.01.27",然后单击"确定"按钮,返回。

③继续录入贷方会计科目和金额,然后单击"保存"按钮。

（2）录入有个人往来核算要求的凭证（以[业务 8]为例）

①完成凭证头部分的录入后,录入"1221"科目,由于该科目为个人往来辅助账科目,系统会自动打开"辅助项"对话框。

②在"辅助项"对话框中,单击"部门"后的按钮,在下拉列表中选择"设备部";单击"个人"后的按钮,在下拉列表中选择"李艳芳";在"发生日期"框录入"2019.01.26"。（如图 1-7 所示）

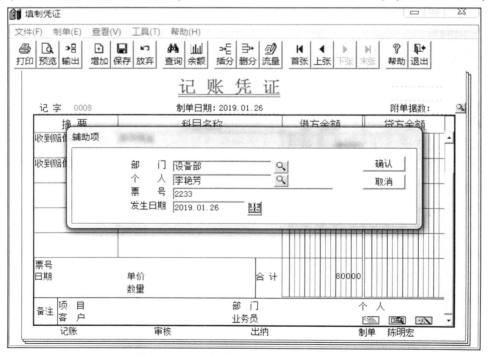

图 1-7　录入有个人往来核算要求的凭证

③单击"确认"按钮,返回。

④继续完成其他操作并保存。

(3)录入有供应商(或客户)往来核算要求的凭证(以[业务7]为例)

①完成凭证头部分和借方信息的录入后,录入贷方科目,由于"2202"应付科目为客户往来科目,系统会自动打开"辅助项"对话框。

②在"辅助项"对话框中,参照上例选择供应商、业务员,录入票号和发生日期。

③单击"确定"按钮,返回。

④录入贷方金额,单击"保存"按钮。

提示：

1. 录入部门名称时,一定要按照设置部门档案的企业名称(全称)录入,否则系统会提示部门名称非法。

2. 填制凭证时,如果出现了新的往来单位(不在已经建立的档案中),则可直接录入其信息,系统会自动将其添加到往来单位档案中。

3. 未被举例的会计分录,也要根据其业务信息填制凭证。

1.3.2 修改与删除凭证

【任务描述】

填制凭证后,如果出现了操作员操作不当或者业务信息发生变化等情形,则需对凭证进行修改和删除操作。

【知识储备】

编制记账凭证出现错误时,可以通过系统提供的修改功能对错误凭证进行修改。可修改的内容主要包括摘要、科目、辅助项、金额及方向等,凭证类别不能修改。

此外,系统还提供了作废和删除功能,以便对需要处理的凭证进行相应的操作。凭证作废后仍保留原有凭证内容及凭证号。已作废的凭证不能再进行修改、审核操作,但要参与记账,否则系统无法进行月末结账。如果企业无须保留作废凭证的话,可通过系统提供的整理功能将标注有"作废"字样的凭证彻底删除,并对其他未记账凭证重新编号,以保证凭证编号的连续性。

【任务实施】

1.作废并删除凭证

(1)打开"填制凭证"窗口,选择需要删除的凭证(凭证09),然后在菜单栏依次选择"制单"|"作废/恢复"命令,这时凭证左上角即会出现"作废"字样。

(2)在菜单栏选择"制单"|"整理凭证"命令,在弹出的"作废凭证表"对话框中双击"删除"栏的空白处,然后出现"Y"字样。

(3)单击"确定"按钮。

(4)系统自动弹出提示"是否整理凭证断号",单击"是"即可将作废凭证彻底删除。

> **提示：**
>   1. 已作废的凭证会参与记账，但其数据不会入账，只相当于一张空白凭证。
>   2. 已作废的凭证可以通过执行"制单"|"作废/恢复"命令取消作废标志，恢复为有效凭证。
>   3. 查询账簿时，无法查到已作废凭证的信息。

2. 修改凭证

在财务主管审核前，制单人可直接修改凭证：找到并将光标移至凭证需要修改的地方，进行相应的修改后再单击"保存"按钮即可。

> **提示：**
>   1. 双击需要修改辅助项的科目，即可直接修改该科目辅助项的相关内容。
>   2. 外部系统传过来的凭证(如固定资产系统计提折旧生成的凭证等)不能在总账系统中修改或删除，只能在生成该凭证的系统中进行更改。
>   3. 没有审核的凭证，可以直接修改；已经审核的凭证，需先取消审核才能修改。

1.3.3　审核与记账

【任务描述】

在制单人填完凭证后，财务主管需要逐页对凭证进行审核，审核无误后会在凭证下方签字并将凭证记账。其中涉及银行存款和现金业务的也需要出纳审核并签字。

【知识储备】

审核凭证是指对于完成制单的记账凭证的正确性、合规性、合法性等进行检查核对，包括审核记账凭证的内容和金额是否与原始凭证相符、记账凭证的填制是否符合规定以及所附单据是否真实、完整等。

审核无误的凭证可以进入下一处理过程，即记账。审核中如果发现错误，可以利用"畅捷通 T3"系统提供的标错功能为凭证标注有错标记，以便快速查询和更正；凭证的错误修正后，需要重新进行审核。根据规定，审核和制单的不能为同一人。系统提供了两种审核方式：单张审核和成批审核。对于审核后的凭证，系统提供了取消审核的功能，以便后续修改。

出纳签字是指由出纳人员通过"出纳签字"功能对带有库存现金和银行存款科目的凭证进行复查，旨在核对出纳凭证的金额是否正确。如果认为凭证正确，就在凭证上进行出纳签字；如果认为凭证有错误或对凭证有异议，则不予签字，并交给制单人修改后再进行核对。

财务人员发出记账指令后，系统会自动完成记账过程，同时将凭证内容过入总账、明细账和日记账。值得强调的是，日记账只对凭证做记账标记，并不产生新的核算数据。

【任务实施】

对会计(04 陈明宏)在 2019 年 1 月所填制的记账凭证进行审核(包括财务主管审核和出纳签字)。

1. 财务主管审核凭证

（1）以账套主管（01 章曼）身份登录总账系统，执行"凭证"|"审核凭证"命令，打开"审核凭证"对话框。

（2）审核范围默认为"全部"，凭证类别默认为"记账凭证"，"月份"选择"2019.01"。

（3）单击"确定"按钮，弹出"审核凭证"窗口，系统会显示出符合条件的凭证。

（4）单击"确定"按钮，打开一张待审核的凭证。

（5）检查无误后，单击"审核"按钮，系统会在凭证下方的"审核"处自动签上审核人的姓名。（如图 1-8 所示）

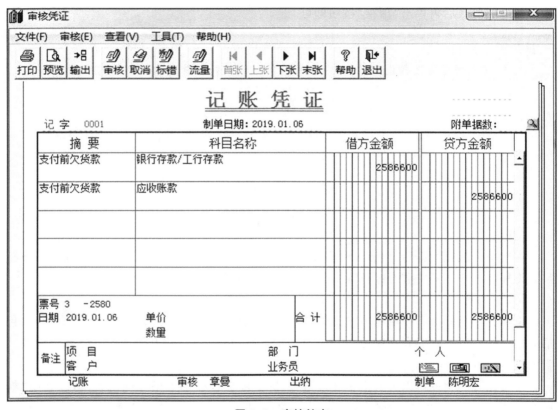

图 1-8　审核签字

（6）在"审核凭证"窗口单击"下张"按钮，即可继续审核其他凭证，否则单击"退出"按钮，返回。

2. 出纳签字

（1）以出纳（05 王一欢）身份登录总账系统，执行"凭证"|"出纳签字"命令，打开"出纳签字"对话框。

（2）"全部"按钮为默认；单击"月份"按钮，在下拉列表中选择"2019.01"，其他条件为空。

（3）单击"确定"按钮，系统会显示全部符合条件的记账凭证。

（4）单击"确定"按钮，打开一张需要签字的凭证。

（5）检查核对无误后，单击"签字"按钮，系统会在凭证下方的"出纳"处自动签上姓名。（如图 1-9 所示）

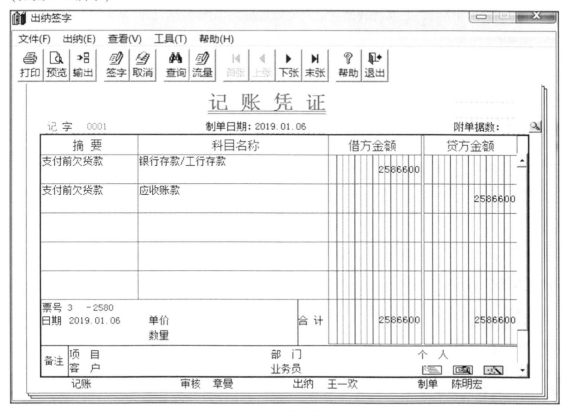

图 1-9　出纳签字

（6）在"出纳签字"窗口单击"下张"按钮，即可继续对其他凭证进行审核签字，否则单击"退出"按钮，返回。

提示：

1. 只有具有"出纳签字"权限的操作员才能对出纳凭证进行签字操作。

2. 执行出纳签字操作前，需要在总账系统初始化的科目设置中指定"库存现金"科目为"现金总账科目"，"银行存款"科目为"银行总账科目"。

3. 凭证一经签字，不能被修改、删除，只有取消签字后才可以操作，取消签字只能由出纳本人进行操作。

---

3. 记账

（1）以出纳（05 王一欢）身份登录总账系统，执行"凭证" | "记账"命令，打开"记账导向" | "选择本次记账范围"对话框。

（2）单击"全选"按钮（通常企业会将所有凭证进行审核），再单击"下一步"，打开"记账导向" | "记账报告"对话框。

（3）浏览记账报告后，单击"下一步"按钮，打开"记账导向"|"记账"对话框。

（4）单击"记账"按钮，系统会在"期初试算平衡表"对话框中显示"期初试算平衡"。

（5）单击"确定"按钮，系统开始登记相关的总账、明细账及辅助账；结束后，系统会打开"记账完毕"对话框。

（6）单击"确定"按钮，返回。

提示：

1. 未经审核的凭证不能进行记账操作；作废凭证不需要审核，可直接记账。

2. 要修改已经记账的凭证，需要先将该凭证恢复到未记账状态再进行修改。

3. 若上月系统未结账，则本月不能记账。

1.3.4　查询账簿

【任务描述】

总账系统的日常操作还有查询各类账簿，包括日记账、总账和明细账。

【知识储备】

日记账（现金日记账和银行存款日记账）与普通科目明细账是有区别的。日记账要求有科目的日合计数，而明细账则没有这个要求；日记账只能按日期和凭证号排序，而明细账除此之外还可按其他条件排序。

总账查询不但具有输出各总账科目的年初余额、各期发生额合计和月末余额的功能，还具有输出明细账科目的年初余额、各月发生额合计和月末余额的功能。

明细账查询功能可用于查询各账户的明细账发生情况。财务人员在进行明细账查询时要通过定义查询条件来确定查询范围，因此可将查询条件保存为"我的账簿"，这样就可以在需要查询时直接调用"我的账簿"来定义查询条件。

【任务实施】

以查询悦华公司 2019 年 1 月份日记账、总账和明细账为例。

1. 查询日记账

（1）执行"现金"|"现金管理"|"日记账"|"现金日记账"命令，打开"现金日记账查询条件"对话框。

（2）选择系统默认的查询方式和月份，单击"确定"按钮，生成"现金日记账"。

（3）查询完毕后，单击"退出"按钮。

2. 查询总账

（1）查询三栏式总账

①进入总账系统，执行"账簿查询"|"总账"命令，打开"总账查询条件"对话框。

②确定科目范围为"1001"—"1122"、科目的级次范围为"1"—"1"，单击"确定"按钮，即可显示"1002 银行存款"科目的查询结果。（如图 1-10 所示）

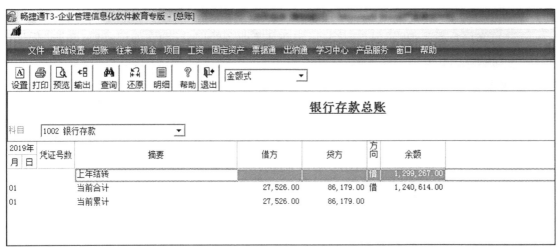

图 1-10　查询银行存款总账

③单击"科目"旁的三角形按钮,可查询其他总账科目信息。

④单击"退出"按钮,返回。

（2）查询总账科目发生额和余额

①执行"总账"|"账簿查询"|"余额表"命令,打开"发生额及余额查询条件"对话框。

②在"月份"框中选择"2019.01"—"2019.01","科目"范围为空;在"级次"框中,选中"末级科目"复选框。

③单击选中"包含未记账凭证"复选框。

④单击"确定"按钮,即可显示"发生额及余额表"。

3. 查询明细账

（1）查询多栏式明细账

①进入总账系统,执行"账簿查询"|"多栏账"命令,打开"多栏账"窗口。

②单击"增加"按钮,打开"多栏账定义"对话框,然后在"核算科目"的下拉列表中选中"2221 应交税费"。

③在"多栏账定义"对话框中单击"自动编制"按钮,系统会根据所选核算科目的下级科目自动编制多栏账分析栏目;单击"选项"按钮,打开格式预览区域后。

④单击"分析栏目前置"按钮,然后在"栏目定义"区域确定方向,其中"222108 应交税费–应交增值税（进项税额）"为"借方","2221 应交税费"等其他科目为"贷方"。

⑤单击"确定"按钮,返回"多栏账"窗口。

⑥单击"查询"按钮,打开"多栏账查询"对话框。

⑦单击"确定"按钮,即可显示"应交税费多栏账"查询结果。

⑧单击"退出"按钮,返回。

（2）查询往来明细账

①执行"往来"|"账簿"|"客户往来明细账"|"客户分类明细账"命令,打开"客户分类明细账"对话框。

②在"客户分类明细账"对话框中,单击"确定"按钮,进入"客户分类明细账"窗口。

③单击最上栏的"总账"按钮,可以联查该客户分类余额表(即往来总账)。

④在"客户分类明细账"窗口,将光标定在某笔业务的记录行上(如记-02),单击"凭证"按钮,可以联查该业务的记账凭证。

⑤单击"退出"按钮,返回。

任务 1.4 月末结转处理

【学习目标】

1. 学会自动生成月末转账凭证。

2. 能够对总账系统进行月末结转处理。

【知识结构】

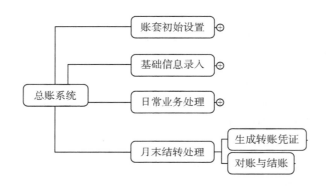

1.4.1 生成转账凭证

【任务描述】

月末结账前,销售成本、期间损益等内容需要完成结转,结转后系统会自动生成转账凭证。

【知识储备】

在进行首次会计核算的期末结账前,系统提供的"转账定义"功能可对需要自动转账的凭证进行定义。转账定义是指把凭证的摘要、会计科目、借贷方向以及金额的计算公式预先设置成凭证模板,待需要转账时即可调用相应的模板自动生成凭证。

转账定义功能可用于对应结转、销售成本结转、汇兑损益结转、期间损益结转和自定义结转。其中,期间损益结转主要是对主营业务收入、主营业务成本、营业税金及附加、其他业务收入、其他业务成本、管理费用、销售费用、财务费用、投资收益、营业外收入、营业外支出和所得税费用等科目的结转。

定义完转账凭证后,每月月末只需执行"转账生成"命令,系统即可自动生成转账凭证。这些生成的转账凭证将自动追加到未记账凭证中,然后通过审核、记账完成结转工作。

【任务实施】

一、业务资料

悦华公司 2019 年 1 月份发生了如下经济业务：

[业务 10]30 日,结转本月期间损益。

二、操作步骤

以结转本月的收入类科目为例。

1. 设置期间损益结转分录

(1)以会计(04 陈明宏)的身份进入总账系统,执行"期末"|"转账定义"|"期间损益"命令,打开"期间损益结转设置"对话框。

(2)在"凭证类别"下拉列表中,选中"记-记账凭证"选项。

(3)在"本年利润科目"下拉列表中,选择"4103"。(如图 1-11 所示)

图 1-11　设置期间损益结转科目

(4)单击"确定"按钮,返回。

2. 生成期间损益结转凭证

(1)以会计(04 陈明宏)身份进入总账系统,执行"期末"|"转账生成"命令,打开"转账生成"对话框。

(2)单击"期间损益结转"按钮,在"类型"下拉列表中选中"收入"选项。

(3)单击"全选"按钮,使期间损益结转分录一览表变为绿色。

(4)单击"确定"按钮,系统会自动生成记账凭证。(如图 1-12 所示)

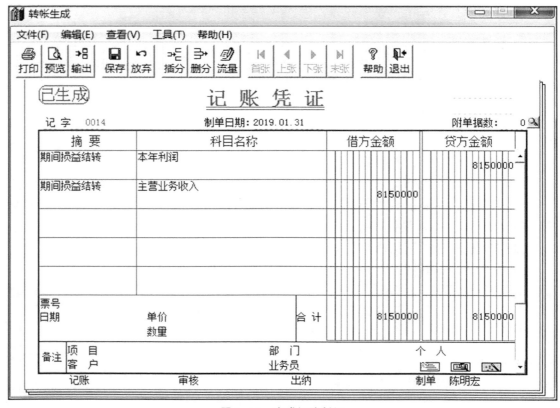

图 1-12 生成记账凭证

（5）单击"保存"按钮,系统会自动将当前凭证追加到未记账凭证中。

（6）以账套主管(01 章曼)身份登录总账系统,对该张凭证进行审核并记账。

提示：

1.若期间损益科目与本年利润科目都有辅助核算,则两者的辅助账类别必须相同。

2.转账凭证自动生成后,需经审核会计审核签字,记账会计进行记账处理,才算真正完成结账工作。

1.4.2 对账与结账

【任务描述】

非法操作或感染了计算机病毒等原因,会破坏系统数据。因此在期末结账前,为确保账证相符和账账相符,财务人员应经常进行对账,至少一个月一次。

【知识储备】

总账系统的月末结转处理主要包括对账、试算平衡以及月末结账等工作。

对账是指对账簿数据进行核对,旨在检查记账是否正确以及账簿是否平衡,它主要通过核对总账与明细账、总账与辅助账的数据来完成。

试算平衡是指将系统中设置的所有科目的期末余额按会计平衡公式"借方余额＝贷方余额"进行平衡检验,并输出科目余额表以及科目是否平衡等信息。

结账是一项批量数据处理工作,每月只能进行一次,旨在终止处理当月的日常业务和进行下月账簿的初始化处理。

【任务实施】

以悦华公司 1 月份总账系统的月末结账处理为例。

1. 总账系统的对账与试算

(1)以账套主管(01 章曼)身份登录总账系统,执行"期末"|"对账"命令,打开"对账"窗口。

(2)选中对账月份"2019.01",单击"选择"按钮。

(3)单击"对账"按钮,系统开始自动对账并会显示对账结果。

(4)单击"试算"按钮,系统将对各科目类别余额进行试算平衡。

(5)在"2019.01 试算平衡表"对话框中,单击"确定"按钮,返回。

(6)单击"退出"按钮,完成对账工作。

2. 总账系统月末结账

(1)先备份本账套数据,然后执行"期末"|"结账"命令,打开"结账"|"开始结账"对话框,选中结账月份"2019.01"。

(2)单击"下一步"按钮,打开"结账"|"核对账簿"对话框。

(3)单击"对账"按钮,系统开始进行账账核对。

(4)单击"下一步"按钮,打开"结账"|"月度工作报告"对话框。(如图 1-13 所示)

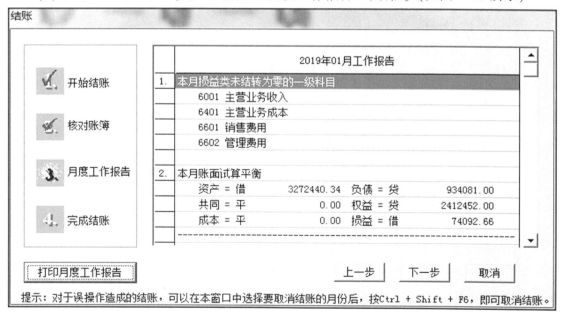

图 1-13　结账月度工作报告

（5）若需打印，单击"打印月度工作报告"按钮即可。

（6）查看工作报告，确认无误后单击"下一步"按钮，打开"结账" | "完成结账"对话框，单击"结账"按钮，系统开始结账。

提示：

1. 结账必须按月连续进行；已结账月份不能再在账套中填制凭证。

2. 结账前，要进行数据备份；只有账套主管才有结账权限。

3. 在"结账" | "完成结账"对话框中，系统提示"未通过检查不能结账"，原因是本月的固定资产和工资系统均未结账，这就意味着总账目前不能结账。

项目 2　工资系统

职工工资是企业成本的重要组成部分,是企业进行各种费用计提的基础。工资管理是指根据国家劳动法规和政策,对职工工资的发放实行计划、组织、协调、指导和监督,它是企事业单位基本业务之一。工资管理涉及每一位员工的利益,对于企业来说至关重要。"畅捷通 T3"系统中的工资模块提供了简单方便的工资核算和发放功能,以及强大的工资分析和管理功能,能够及时反映工资的动态变化,保证工资核算的准确性和及时性。

任务2.1　系统初始设置

【学习目标】
1. 掌握工资管理系统初始化的内容、作用及设置方法。
2. 能够根据企业工资分配方案设定工资项目及公式。

【知识结构】

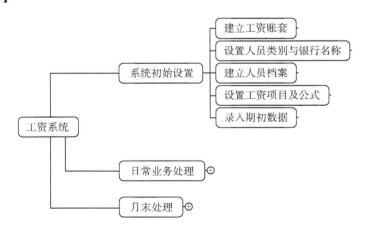

2.1.1　建立工资账套

【任务描述】
在使用工资账套之前,必须先启用工资管理系统,再进行系统初始化设置。
【知识储备】
工资管理系统初始化的内容包括:建立工资账套、设置人员类别、建立人员档案、设置工资项目和公式以及录入期初数据。

【任务实施】

一、业务资料

以悦华公司的工资管理业务为例。

1. 启用工资系统。

2. 启用日期：2019 年 1 月 1 日。

3. 工资类别个数：单个。

4. 要求从工资中代扣个人所得税。

5. 人员编码长度：3。

二、操作步骤

1. 以账套主管（01 章曼）身份打开"系统管理"窗口，执行"账套"|"启用"命令，打开"系统启用"窗口。

2. 单击"WA 工资管理"复选框，将日历设定为"2019 年 1 月 1 日"。

3. 单击"确定"按钮。（如图 2-1 所示）

图 2-1　"系统启用"窗口

4. 在"提示信息"对话框,单击"是"按钮,再单击"退出"按钮。

5. 以账套主管(01章曼)身份登录系统,执行"工资"|"建立工资套"|命令,打开"建立工资套|参数设置"对话框。

6. 选中"单个"按钮,单击"下一步"按钮。

7. 打开"建立工资套|扣税设置"对话框,勾选"是否从工资中代扣个人所得税"复选框,然后单击"下一步"按钮。

8. 打开"建立工资套|扣零设置"对话框,单击"下一步"按钮。

9. 打开"建立工资套|人员编码"对话框,将"人员编码长度"设为"3",然后单击"完成"按钮。

提示:

1. 企业可以根据需要自由定义人员编码长度,本账套定义为"3"。

2. 在工资类别为"单个"的情况下,工资账套建立完成后不需要再设置工资类别。

3. 如果企业所有员工的工资发放项目相同、工资计算方法也相同,则可对全部员工使用统一的工资核算方案。

2.1.2 设置人员类别与银行名称

【任务描述】

由于企业人员存在多种不同的职位和级别,其工资发放标准也有所不同,所以需要在工资系统中对人员类别进行设置,并把代发工资的银行名称填加到系统中。

【知识储备】

为满足经济管理要求,需要在同一账套内跨越多个部门(或单位)按照人员类别对全体职工进行综合汇总。在处理工资业务之前,必须先在系统中对人员类别、银行名称及人员附加信息进行设置,以便企业按照人员类别进行工资的汇总计算。

同一工资类别的人员如果是在不同的地点工作,需由不同的银行来代发工资,因此需要在系统中设置银行名称,而发放工资的银行按需可以有多个。

【任务实施】

一、业务资料

悦华公司的人员和银行信息如下:

1. 人员类别:经理人员、管理人员、业务人员。

2. 代发工资银行:中国工商银行北京朝阳支行。

3. 个人账号长度:11;录入时需要自动带出的账号长度:8。

4. 人员附加信息:性别。

二、操作步骤

1. 设置人员类别

（1）在工资系统中单击"人员类别设置"图标，打开"类别设置"对话框。

（2）在"类别"栏录入"经理人员"，然后单击"增加"按钮，继续录入"管理人员"和"业务人员"。

（3）单击"返回"按钮，退出。

2. 设置代发工资银行名称

（1）在工资系统中单击"银行名称"图标，打开"银行名称设置"对话框。

（2）选中"工商银行"选项，在其后面录入"工商银行北京朝阳支行"。

（3）单击"增加"按钮，将"账号长度"设为"11"，然后选中"账号定义"复选框，将"录入时需要自动带出的账号长度"设为"8"。

（4）单击"返回"按钮，退出。

3. 设置人员附加信息

（1）在工资系统中单击"人员附加信息"图标，打开"人员附加信息设置"对话框。

（2）录入"性别"，然后单击"增加"按钮。

（3）单击"返回"按钮，退出。

2.1.3 建立人员档案

【任务描述】

系统中应建立人员档案，用于登记工资发放人员的姓名、职工编码、所在部门及人员类别等信息。

【知识储备】

在进行工资日常核算时，职工的增减变动、部门调换、类别更改等都需要在人员档案中处理，这样便于职工工资管理。

【任务实施】

一、业务资料

悦华公司的工资发放人员档案见表2-1。

表2-1 人员档案

人员编码	人员姓名	所属部门	职员属性	性别	银行名称	银行账号
101	陈志伟	总经理办公室	经理人员	男	中国工商银行	11022033111
102	陈华军	总经理办公室	管理人员	男	中国工商银行	11022033112

续表

人员编码	人员姓名	所属部门	职员属性	性别	银行名称	银行账号
201	章曼	财务部	经理人员	女	中国工商银行	11022033113
202	陈明宏	财务部	管理人员	男	中国工商银行	11022033114
203	王一欢	财务部	管理人员	女	中国工商银行	11022033115
301	李建飞	销售部	经理人员	男	中国工商银行	11022033116
302	夏明雪	销售部	业务人员	女	中国工商银行	11022033117
303	王宇静	销售部	业务人员	女	中国工商银行	11022033118
304	王长生	销售部	业务人员	男	中国工商银行	11022033119
401	刘军越	采购部	经理人员	男	中国工商银行	11022033120
402	肖长冰	采购部	业务人员	男	中国工商银行	11022033121
501	李悦丽	仓管部	经理人员	女	中国工商银行	11022033122
502	刘智兴	仓管部	管理人员	男	中国工商银行	11022033123
601	王智勇	人力资源部	经理人员	男	中国工商银行	11022033124
602	杨颖	人力资源部	管理人员	女	中国工商银行	11022033125
701	李艳芳	设备部	经理人员	女	中国工商银行	11022033126
702	王紫	设备部	管理人员	女	中国工商银行	11022033127

二、操作步骤

1. 在工资系统中打开"人员档案"窗口,单击"人员批量增加"按钮,打开"人员批量增加"对话框。

2. 单击"全选"按钮,选中全部人员。（如图 2-2 所示）

3. 单击"确定"按钮,退出对话框。

4. 在"人员档案"窗口中选中"陈志伟",单击"修改"按钮,打开"人员档案"对话框。

5. 在"银行名称"下拉列表中选择"工商银行北京朝阳支行",然后在"银行账号"文本框中录入"11022033111",在"附加信息"页签的"性别"处选择"男",在"人员类别"文本框中选择"经理人员"。

6. 单击"确定"按钮。

重复以上操作,继续修改其他人员信息,完成人员档案建立。

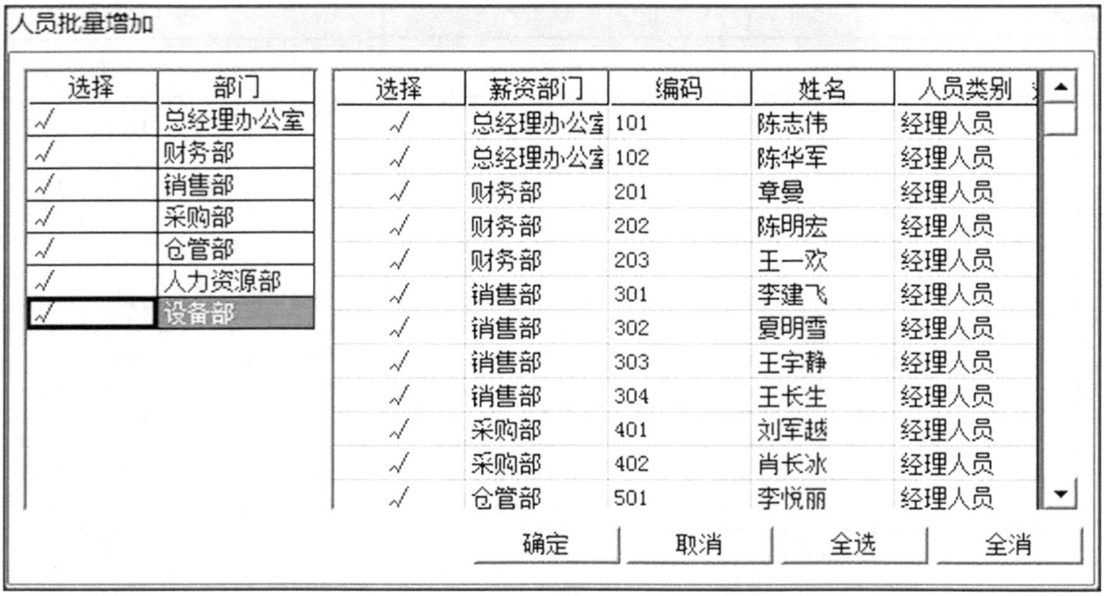

图 2-2　"人员批量增加"对话框

2.1.4　设置工资项目及公式

【任务描述】

工资按照性质可以划分为基本工资、职工福利、绩效工资等类型。为实现工资核算的自动化，要根据企业的工资性质分类在系统中设置工资项目，并为每个项目定义计算公式。

【知识储备】

系统中的工资项目有些是企业必备的，有些则需根据实际情况做出调整。为此，系统中预设了一些必备的工资项目，如应发工资、扣款合计、实发工资等，其他项目可根据实际情况自行增加或修改。

设置工资公式，即定义工资项目的计算公式以及工资项目之间的运算关系。工资公式能够直观地表达工资项目的实际运算过程。设置工资公式可通过选择与组合工资项目、运算符、关系符、函数等来完成。

值得强调的是，每一工资项目都由类型、长度、小数位数和增减项构成，其中增减项标志该工资项目会导致工资总额的增加或减少，如"社会保险费"就属于减项。

【任务实施】

一、业务资料

悦华公司进行工资项目及公式设置所需资料如下：

1. 工资项目构成情况见表 2-2。

表 2-2 工资项目构成

工资项目	类型	长度	小数位数	增减项
基本工资	数字	8	2	增项
岗位工资	数字	8	2	增项
奖金	数字	8	2	增项
交通补助	数字	8	2	增项
应发合计	数字	10	2	增项
社会保险费	数字	8	2	减项
住房公积金	数字	8	2	减项
代扣税	数字	10	2	减项
扣款合计	数字	10	2	减项
实发合计	数字	10	2	增项

2. 工资项目计算公式见表 2-3。

表 2-3 工资项目计算公式

工资项目	计算公式定义要求
岗位工资	iff(人员类别＝"经理人员",3000,2500)
交通补贴	iff(部门＝"销售部" and 人员类别＝"经理人员",1200, iff(部门＝"销售部" and 人员类别＝"业务人员",1000,600))
应发合计	基本工资+岗位工资+奖金+交通补贴
社会保险费	应发合计 * 0.11
住房公积金	应发合计 * 0.12
扣款合计	社会保险费+住房公积金+代扣税
实发合计	应发合计-扣款合计

二、操作步骤

1. 设置工资项目

（1）以账套主管（01 章曼）身份进入系统，单击"工资项目"图标，打开"工资项目设置"对话框。

（2）单击"增加"按钮，然后在"名称参照"下拉列表中选中"基本工资"选项。

（3）在"基本工资"下拉列表中选择"数字"，录入数字长度为"8"、小数位数为"2"，选择"增减项"为"增项"。

（4）重复以上操作，逐一增加其他工资项目。

（5）单击"移动"按钮的上下箭头，调整工资项目的位置。（如图 2-3 所示）

图 2-3　"工资项目设置"对话框

（6）单击"确认"按钮，返回。

2. 设置工资公式

（1）在工资系统中单击"设置"，打开"工资项目设置"对话框。

（2）选择"公式设置"页签，单击"增加"按钮，然后从"工资项目"下拉列表中选择"岗位工资"。

（3）在弹出的"岗位工资公式定义"对话框中单击"函数公式向导录入"，打开"函数向导-步骤之 1"对话框，然后选择"iff"公式。

（4）单击"下一步"按钮，打开"函数向导–步骤之2"对话框。

（5）单击"逻辑表达式"右侧按钮，选择"经理人员"，然后单击"确认"按钮。

（6）在"算数表达式1"中录入"3 000"，在"算数表达式2"中录入"2 500"，单击"完成"按钮。

（7）单击"公式确认"按钮，再单击"确认"按钮，即可完成岗位工资计算公式设置。（如图2-4所示）

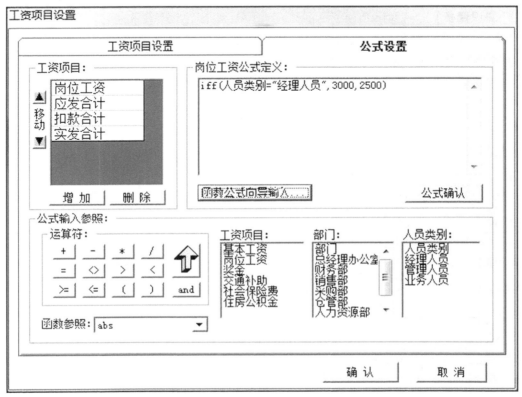

图 2-4 设置"岗位工资"计算公式

（8）重复以上操作，继续完成其他工资项目计算公式设置。

（9）完成所有工资项目计算公式设置后，单击"取消"按钮方可退出。

提示：

　　1. 公式中左侧工资项目中的顺序决定系统计算工资的先后顺序，因此要注意公式的排列顺序。

　　2. 为避免出现差错，必须先完全确定工资项目，然后定义公式。

　　3. 公式录入完毕后，必须单击"公式确认"按钮，让系统进行语法检查，以保证公式定义的正确性。

　　4. 单击"公式确认"后，公式并未保存，必须单击"确认"按钮进行保存。

2.1.5 录入期初数据

【任务描述】

工资系统启用前,必须将所有人员的基本工资期初数据录入"畅捷通 T3"系统,作为工资计算的基础数据。

【知识储备】

录入工资的期初数据时,只需录入没有进行公式定义的项目,如基本工资和请假天数等,其余各项由系统根据计算公式自动计算得出。

【任务实施】

一、业务资料

悦华公司 2019 年 1 月份职工的基本工资见表 2-4。

表 2-4 基本工资(2019 年 1 月份)

部门	人员类别	基本工资/元	岗位工资/元	奖金/元
总经理办公室	经理人员	3 000.00	2 500.00	1 000.00
	管理人员	1 500.00	1 600.00	600.00
财务部	经理人员	2 000.00	2 500.00	1 000.00
	管理人员	1 500.00	1 600.00	600.00
销售部	经理人员	1 800.00	2 500.00	1 500.00
	业务人员	1 000.00	1 600.00	1 300.00
采购部	经理人员	1 700.00	2 500.00	1 000.00
	业务人员	1 000.00	1 600.00	600.00
仓管部	经理人员	1 500.00	2 500.00	1 000.00
	管理人员	1 000.00	1 600.00	600.00
人力资源部	经理人员	1 800.00	2 500.00	1 000.00
	管理人员	1 500.00	1 600.00	600.00
设备部	经理人员	1 500.00	2 500.00	1 000.00
	管理人员	1 000.00	1 600.00	600.00

二、操作步骤

1. 在工资系统中单击"工资变动"图标,打开窗口。

2. 双击"基本工资"下第一行的空白处,录入"3 000"。

3. 重复以上操作,继续录入基本工资表中的其他数据。

4. 单击"退出"按钮,系统弹出提示:"数据发生变动后尚未进行汇总,是否进行汇总?"

5. 单击"是"按钮,退出。

任务2.2 日常业务处理

【学习目标】

1. 能够正确处理工资系统的日常业务

2. 能够在新税率表下应用"畅捷通 T3"系统计算个人所得税。

【知识结构】

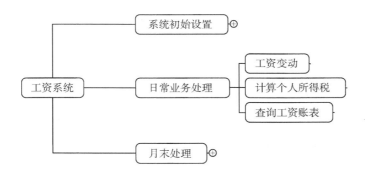

2.2.1 工资变动

【任务描述】

由于职工的应发工资与其考勤情况、工作业绩、执行效率等因素有关,因此每个月都需要对职工工资数据进行调整。

【知识储备】

为快速、准确地录入工资数据,系统在工资变动模块中提供了以下功能按钮:

1. "筛选和定位"。如果需要对部分人员的工资做出修改的话,可以运用筛选和定位功能先将人员筛选出来,然后进行数据修改,修改完毕再按照系统要求进行"重新计算"和"汇总"。

2. "页编辑"。"工资变动"窗口的"页编辑"按钮可对选定人员的工资数据进行快速修改,并可通过翻页来更换修改对象。

3. "替换"。替换就是将符合条件的一类人员某项工资项目的数据统一更换为另一数据,如将业务人员的奖金统一上调 200 元等。

4."过滤器"。如果需要对工资项目下的一个或几个项目进行修改的话,可以运用过滤器功能将拟修改的项目过滤出来。比如,当需要修改迟到天数、请假天数这两个项目的数据时,就可使用该功能。

【任务实施】

一、业务资料

悦华公司 2019 年 1 月份发生如下经济业务:

[业务 11]30 日,公司研究决定,提拔销售部夏明雪为部门副经理(基本工资:1500.00;岗位工资:3000.00)。

二、操作步骤

1.以薪资核算员(02 杨颖)身份登录"畅捷通 T3"系统,将操作日期改为"2019-01-30"。

2.进入工资系统,执行"工资"|"设置"|"权限设置"命令,打开"权限设置"窗口。

3.选中"02 杨颖",然后勾选"工资类别主管",即先将"02 杨颖"修改为"工资类别主管"。(如图 2-5 所示)

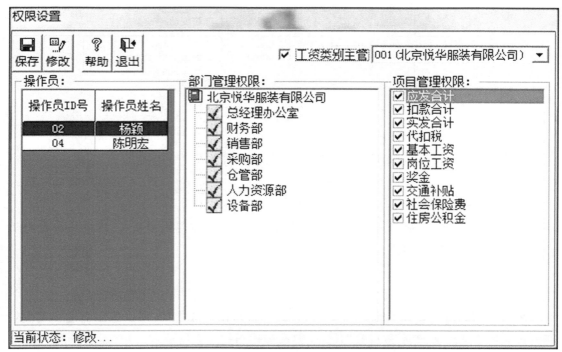

图 2-5　设置工资权限

4.单击"保存"按钮,退出。

5.打开"人员档案"窗口,更改夏明雪的"人员类别"为"经理人员"。

6. 执行"业务处理"|"工资变动"命令,打开"工资变动"窗口。

7. 单击"计算"按钮,计算全部工资项目内容。

8. 将"夏明雪"的"基本工资"改为"1 500.00","岗位工资"改为"3 000.00"。

9. 单击"退出"按钮,系统弹出提示:"数据发生变动后尚未进行汇总,是否进行汇总?"

10. 单击"是"按钮,退出。

2.2.2　计算个人所得税

【任务描述】

鉴于计算职工工资薪金所得税工作量较大,"畅捷通 T3"系统提供了个人所得税自动计算功能,只需录入现行所得税税率并设置扣税基数,系统就会自动计算职工的个人所得税。

【知识储备】

由于系统内置的个人所得税算法还是以 3 500.00 元作为起征点,而现行个人所得税税率表已将起征点调至 5 000.00 元,所以需要修改计税基数和税率计算公式。

个人所得税是依据《中华人民共和国个人所得税法》对公民个人所得征收的一种税。每月终了,各单位的财务部门都要对职工薪资中超过扣税基数的那一部分金额进行个人所得税计算和纳税申报。

【任务实施】

一、业务资料

悦华公司 2019 年 1 月份发生如下经济业务:

[业务 12]30 日,代扣个人所得税。计税基数为 5 000.00 元,国家颁布的最新个人所得税七级超额累进税率见表 2-5。

表 2-5　个人所得税超额累进税率表(工资薪金所得适用)

全月应缴纳所得税/元	税率/%	速算扣除数/元
不超过 3 000.00	3	0
超过 3 000.00 至 12 000.00	10	210.00
超过 12 000.00 至 25 000.00	20	1 410.00
超过 25 000.00 至 35 000.00	25	2 660.00
超过 35 000.00 至 55 000.00	30	4 410.00
超过 55 000.00 至 80 000.00	35	7 160.00
超过 80 000.00	45	15 160.00

二、操作步骤

1. 在工资系统中执行"业务处理"|"扣缴所得税"命令,打开"栏目选择"对话框。

2. 单击"确认"按钮,打开"个人所得税扣缴申报表"窗口。

3. 单击"税率表"按钮,打开"个人所得税申报表–税率表"对话框,将扣税基数调整为 5 000。

4. 单击"确认"按钮,系统弹出提示:"调整税率表后,个人所得税需重新计算。是否重新计算个人所得税?"

5. 单击"是"按钮,返回"个人所得税扣缴申报表"窗口,然后单击"退出"按钮。

6. 执行"业务处理"|"工资变动"命令,打开"工资变动"窗口。

7. 单击"计算"按钮,系统会重新计算全部工资项目。

提示:

1. 系统仅就职工工资薪金所得进行个人所得税纳税申报,其他所得不予考虑。

2. 所得税参数设置后,系统会自动根据职工月工资薪金所得计算应纳税额。

3. "附加费用"栏是对"外方人员"进行个人所得税扣缴而设置的。

2.2.3　查询工资账表

【任务描述】

工资系统的数据处理结果最终会以报表的形式反映出来,财务人员可以通过查询工资账表来对职工工资进行分析和比较。

【知识储备】

工资系统内设置了工资报表,包括工资发放签名表、工资发放条、工资卡、部门工资汇总表、人员类别工资汇总表等。报表格式由"畅捷通 T3"系统提供,用户如果不满意,也可自行设计。

【任务实施】

查看工资发放签名表、工资发放条。

1. 在工资系统中执行"工资"|"统计分析"|"账表"|"工资表"命令,打开"工资表–悦华公司"对话框。

2. 单击"确认查看"按钮,打开"工资发放签名表"对话框。

3. 选择所有部门,单击"确认"按钮。

4. 返回"工资表–悦华公司"对话框,打开"工资发放条"对话框。

5. 选择所有部门,单击"确认"按钮。

任务 2.3　月末处理

【**学习目标**】

1. 能够对工资费用进行相应的科目分摊。

2. 能够完成工资系统的月末结账处理。

【**知识结构**】

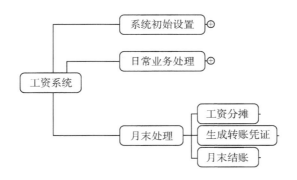

2.3.1　工资分摊

【**任务描述**】

工资分摊就是通过对计提的工资总额进行分析,确定工资总额由哪些费用、部门或项目承担,然后将工资费用分摊至各相应的科目中,如将管理人员工资计入"管理费用"科目、销售人员工资计入"销售费用"科目等。

【**知识储备**】

月内发生的全部工资,不管是否在当月发放,都应当按照工资的用途进行分配。由于不同的企业会选择不同的工资总额计算方式进行分配,因此应事先设置工资分配和费用计提基数。财务人员应定期对工资费用进行计提计算并编制转账凭证,供登账之用。

【**任务实施**】

一、业务资料

悦华公司 2019 年 1 月份发生如下经济业务:

[业务 13]30 日,分配本月职工工资。费用分摊科目见表 2-6。

表 2-6　费用分摊科目

分摊科目		应发工资总额（100%）	
部门及人员类别		借方	贷方
总经理办公室	经理人员	660205 管理费用–职工薪酬	
	管理人员	660205 管理费用–职工薪酬	
财务部	经理人员	660205 管理费用–职工薪酬	
	管理人员	660205 管理费用–职工薪酬	
销售部	经理人员	660101 销售费用–职工薪酬	
	业务人员	660101 销售费用–职工薪酬	221101 应付职工薪酬–职工工资
采购部	经理人员	660205 管理费用–职工薪酬	
	业务人员	660205 管理费用–职工薪酬	
仓管部	经理人员	660205 管理费用–职工薪酬	
	管理人员	660205 管理费用–职工薪酬	
设备部	经理人员	660205 管理费用–职工薪酬	
	管理人员	660205 管理费用–职工薪酬	
人力资源部	经理人员	660205 管理费用–职工薪酬	
	管理人员	660205 管理费用–职工薪酬	

[业务 14]30 日，计提并分摊单位应缴纳社会保险费。计提并分摊单位应缴纳社会保险费科目见表 2-7。

表 2-7　计提并分摊单位应缴纳社会保险费科目

分摊科目		社会保险费（32.8%）	
部门及人员类别		借方	贷方
总经理办公室	经理人员	660205 管理费用–职工薪酬	
	管理人员		
财务部	经理人员	660205 管理费用–职工薪酬	
	管理人员		
销售部	经理人员	660101 销售费用–职工薪酬	
	业务人员		221103 应付职工薪酬–社会保险费
采购部	经理人员	660205 管理费用–职工薪酬	
	业务人员		
仓管部	经理人员	660205 管理费用–职工薪酬	
	管理人员		
人力资源部	经理人员	660205 管理费用–职工薪酬	
	管理人员		

二、操作步骤

1. 分配本月职工工资

(1)以会计(04陈明宏)身份进入工资系统,执行"业务处理"|"工资分摊"命令,打开"工资分摊"对话框。

(2)单击"工资分摊设置"按钮,打开"分摊类型设置"对话框。

(3)单击"增加"按钮,打开"分摊计提比例设置"对话框。

(4)在"计提类型名称"文本框中录入"应付职工薪酬"。(如图2-6所示)

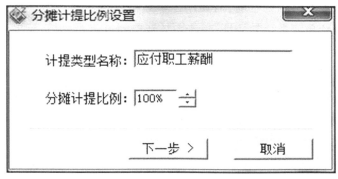

图2-6　应付职工薪酬分摊

(5)单击"下一步"按钮,打开"分摊构成设置"对话框,分别选择分摊构成的各个项目。

(6)单击"完成"按钮,返回"分摊类型设置"对话框。

2. 计提应缴存的社会保险费

(1)在"分摊类型设置"对话框,单击"增加"按钮,打开"分摊计提比例设置"对话框。

(2)在"计提类型名称"文本框中录入"社会保险费",然后将"分摊计提比例"修改为"32.8%"。(如图2-7所示)

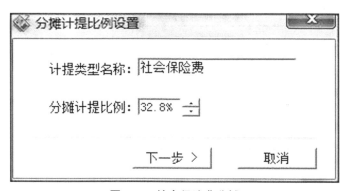

图2-7　社会保险费分摊

(3)单击"下一步"按钮,打开"分摊构成设置"对话框,分别选择分摊构成的各个项目。

(4)单击"完成"按钮。

2.3.2 生成转账凭证

【任务描述】

完成工资费用的合理分摊后，为便于日后记账，还需在系统内生成当月工资费用结转的记账凭证。

【知识储备】

转账凭证是用来记录除现金、银行存款外其他经济业务的记账凭证，是登记有关明细账与总账的依据。

在进行工资系统的月末处理前，需要用工资数据生成当月的转账凭证。对于这种从工资系统生成并传递到总账系统的凭证，总账系统还需对其进行审核、记账。

【任务实施】

以悦华公司 2019 年 1 月份生成转账凭证为例。

1. 以会计（04 陈明宏）身份进入工资系统，执行"业务处理"|"工资分摊"命令，打开"工资分摊"对话框。

2. 分别选中"应付职工薪酬"和"社会保险费"复选框，然后选中各个部门。

3. 选中"明细到工资项目"，单击"确定"按钮，打开"应付职工薪酬-工资"一览表，然后选中"合并科目相同、辅助项相同的分录"复选框。

4. 单击"制单"按钮，生成应付职工薪酬分摊的转账凭证。

5. 修改凭证日期后，单击"保存"按钮。

6. 重复以上操作，生成社会保险费分摊的转账凭证。（如图 2-8 所示）

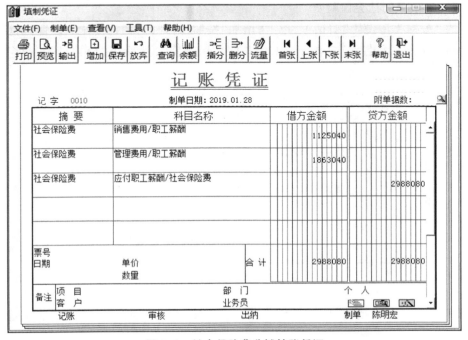

图 2-8 社会保险费分摊转账凭证

提示：

1. 生成凭证日期必须大于等于当前总账系统会计期的最大凭证日期。

2. 在"应付职工薪酬-工资"一览表窗口中，若选中"合并科目相同、辅助项相同的分录"复选框，系统则会先将相同的科目和辅助核算项目进行合并，再生成转账凭证。

2.3.3 月末结账

【任务描述】

工资系统月末处理是指将当月工资数据处理清零后结转至下月，每月的工资数据处理完毕后均可进行月末结转。

【知识储备】

由于工资项目时常存在变动，每月的数据均不相同，所以在进行工资处理时需将某些项目的数据清零，然后再录入当月的数据，此类项目即为清零项目。

月末处理功能只有账套主管人员才能执行，所以操作时应以账套主管身份登录系统。月末结转只能在本年度的 1 月至 11 月进行，且只能在当月工资数据处理完毕后进行。如果需要处理多个工资类别，则应按照工资类别分别进行月末结转；如果本月工资数据未汇总，则系统不允许进行月末结转；如果已完成期末处理，则当月工资数据不可更改。

【任务实施】

以悦华公司月末结账为例。

1. 以账套主管(01 章曼)身份登录"畅捷通 T3"系统，执行"工资" | "业务处理" | "月末处理"命令，打开"月末处理"对话框。

2. 单击"确认"按钮，系统弹出提示："月末处理之后，本月工资将不许变动！继续月末处理吗？"

3. 单击"是"按钮，系统弹出提示："是否选择清零项？"

4. 单击"是"按钮，在弹出的"选择清零项目"对话框中单击"确认"按钮，退出。

提示：

只有完成本月的期末处理，才能开始下月的账务操作。

项目 3　固定资产系统

固定资产管理系统的主要任务是完成企业固定资产日常业务的核算与管理,生成固定资产卡片;按月反映固定资产的增减、原值变化和其他变动;按月计提折旧,生成折旧分配表及凭证,并输出一些相关报表和账簿。其主要功能包括系统初始设置、日常业务处理、凭证处理、信息查询和期末处理等。

任务 3.1　系统初始设置

【学习目标】

1. 能够建立固定资产账套。
2. 能够设置固定资产类别。
3. 能够设置固定资产增减方式。
4. 能够设置固定资产折旧对应科目。
5. 能够录入固定资产原始卡片。

【知识结构】

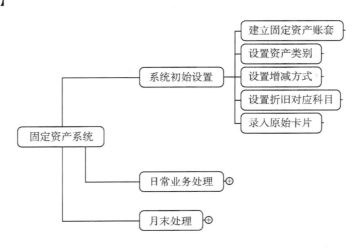

3.1.1 建立固定资产账套

【任务描述】

在启用固定资产系统前,应先在"畅捷通 T3"系统中建立固定资产账套。

【知识储备】

固定资产系统初始化通常包括启动与注册、设置账套参数等工作,其中账套参数包括约定与说明、启用月份、折旧信息、编码方式、财务接口以及其他参数等。

财务接口是指可以根据需要选择固定资产系统是否与总账系统接口。选中"与财务系统进行对账",即意味着选择了固定资产系统与总账系统对账,随时都可以了解固定资产管理系统的固定资产价值、累计折旧余额与总账系统数值的对应情况。

设定折旧信息的目的是确定企业的折旧方案。系统默认设定每个月均计提折旧,但折旧汇总分配则可按照使用者选择的周期进行。折旧信息一旦设定,系统将自动在相应的月末生成折旧分配表,并提示使用者生成记账凭证。

【任务实施】

一、业务资料

悦华公司固定资产系统需要设置的账套参数见表 3-1。

表 3-1　固定资产账套参数

账套参数	设置内容
约定与说明	同意
启用月份	2019 年 1 月
折旧信息	本账套计提折旧;折旧方法:平均年限法(一) 折旧汇总分配周期:1 个月;当(月初已计提月份=可使用月份−1)时将剩余折旧全部提足(工作量法除外)
编码方式	资产类别编码方式:2−1−1−2 固定资产编码方式:按"类别编号+序号"自动编码 卡片序号长度:3
财务接口	与财务系统进行对账
对账科目	固定资产:"1601 固定资产";累计折旧:"1602 累计折旧"
可纳税调整的增加方式	直接购入、捐赠、投资者投入、在建工程转入

续表

账套参数	设置内容
缺省入账科目	固定资产："1601 固定资产" 累计折旧："1602 累计折旧" 可抵扣税额入账科目："222108 应交税费–应交增值税（进项税额）"
其他	业务发生后立即制单 月末结账前一定要完成制单登账业务 在对账不平的情况下，不允许进行固定资产月末结账

二、操作步骤

1. 启用固定资产系统

（1）以账套主管（01 章曼）身份打开"系统管理"窗口，执行"账套"|"启用"命令，打开"系统启用"窗口。

（2）单击"FA 固定资产"复选框，在弹出的"日历"对话框中选择"2019 年 1 月 1 日"。

（3）单击"确定"按钮，系统弹出提示："确定要启用当前系统吗？"

（4）单击"是"按钮，再单击"退出"按钮，返回。

2. 建立固定资产账套

（1）单击"固定资产"图标，系统弹出提示："这是第一次打开此账套，还未进行过初始化，是否进行初始化？"

（2）单击"是"按钮，打开"固定资产初始化向导|约定及说明"对话框。

（3）单击"我同意"按钮。

（4）单击"下一步"按钮，打开"固定资产初始化向导|启用月份"对话框，然后在下拉列表中选择"2019.01"。

（5）单击"下一步"按钮，打开"固定资产初始化向导|折旧信息"对话框，然后在"主要折旧方法"下拉列表中选择"平均年限法（一）"，"折旧汇总分配周期"下拉列表中选择"1"，勾选"当（月初已计提月份＝可使用月份–1）时将剩余折旧全部提足（工作量法除外）"。（如图 3–1 所示）

（6）单击"下一步"按钮，打开"固定资产初始化向导|编码方式"对话框，然后单击"自动编码"按钮，将"序号长度"选为"3"。

图 3-1 "固定资产初始化向导 | 折旧信息"对话框

提示:

　　资产类别编码方式设定后,只要某一级资产设置了类别,其长度就不能修改,未使用过的各级资产的编码长度可修改。一个账套的自动编码方式只能选择一种,一旦设定就不得修改。

---

　　(7)单击"下一步"按钮,打开"固定资产初始化向导 | 财务接口"对话框,然后选中"业务发生后立即制单"复选框及"月末结账前一定要完成制单登账业务"复选框。

　　(8)单击"可纳税调整的增加方式"参照按钮,然后在打开的"可纳税调整的增加方式"对话框中,分别选中"直接购入"、"投资者投入"、"捐赠"和"在建工程转入"复选框,单击"确认"按钮,退出(如图3-2所示)。

　　(9)在"[固定资产]缺省入账科目"文本框中录入"1601 固定资产",在"[累计折旧]缺省入账科目"文本框中录入"1602 累计折旧",在"可抵扣税额入账科目"文本框中录入"222108 应交增值税(进项税额)",然后单击"确定"按钮。

　　(10)单击"确定",打开"固定资产初始化向导" | "完成"对话框。

　　(11)单击"完成"按钮,系统弹出提示:"已经完成了新建账套的所有设置工作,是否确定所设置的信息完全正确并保存对新账套的所有设置？"

（12）单击"是"按钮，系统弹出提示："已成功初始化固定资产账套！"

（13）单击"确定"按钮，进入固定资产系统。

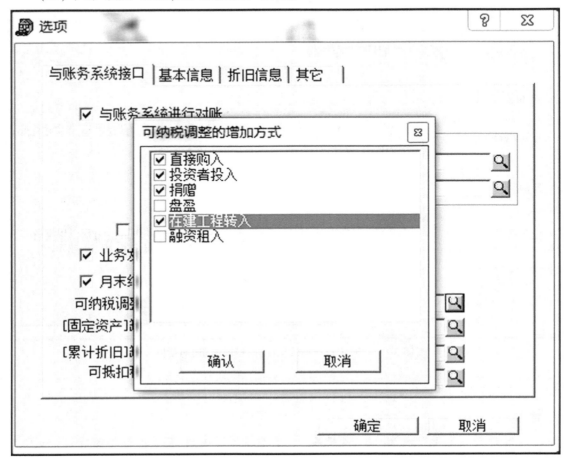

图 3-2　"可纳税调整的增加方式"对话框

提示：

一旦有不允许修改的内容存在错误必须进行修正时，只能通过"工具"|"重新初始化账套"功能来实现，该操作将清空对固定资产账套所做的一切工作。

3.1.2　设置资产类别

【任务描述】

为准确核算和统计固定资产，必须对固定资产进行科学分类。企业可根据自身特点和管理要求确定一个较为合理的资产分类方法，并将设置内容录入"畅捷通 T3"系统。

【知识储备】

设置资产类别是指设置固定资产的分类编码和分类名称,企业需要自行定义资产类别和编码级次。

【任务实施】

一、业务资料

悦华公司的资产类别汇总见表 3-2。

表 3-2 资产类别汇总

编码	类别名称	使用年限/工作总量	净残值率	计提属性	折旧方法
01	办公建筑物	—	—	正常计提	平均年限法(一)
011	办公楼	40 年	2%	正常计提	平均年限法(一)
02	生产建筑物	—	—	正常计提	平均年限法(一)
021	仓房	40 年	2%	正常计提	平均年限法(一)
03	机器	—	—	正常计提	平均年限法(一)
031	办公设备	8 年	5%	正常计提	平均年限法(一)
032	经营设备	5 年	5%	正常计提	平均年限法(一)
04	运输工具	8 年,500 000 千米	5%	正常计提	工作量法

二、操作步骤

1.单击"资产类别"图标,进入"类别编码"窗口。

2.单击"增加"按钮,然后在"类别名称"文本框中录入"办公建筑物",在"使用年限"文本框中录入"30"。

3.单击"保存"按钮,然后重复以上操作,继续增加资产类别。

4.单击"退出"按钮,返回。

3.1.3　设置增减方式

【任务描述】

固定资产的增加和减少存在若干种不同的情况,而设置增减方式可以帮助财务人员了解和分析固定资产增加的来源和减少的原因,确定固定资产的计价和处理原则,并对固定资产的增减进行汇总管理。

【知识储备】

企业资产的增加方式主要有直接购入、捐赠、投资者投入、盘盈、在建工程转入等，减少的方式主要有出售、盘亏、投资转出、报废、毁损等。"畅捷通 T3"系统的固定资产增减方式允许设置两级，用户可以在系统默认的基础上修改定义。

【任务实施】

一、业务资料

悦华公司固定资产增减方式的对应入账科目见表 3-3。

表 3-3　固定资产增减方式的对应入账科目

增减方式	对应入账科目	减少方式	对应入账科目
直接购入	100201 银行存款-工行存款	出售	1606 固定资产清理
在建工程转入	1604 在建工程	报废	1606 固定资产清理

二、操作步骤

1. 进入固定资产系统，执行"设置"|"增减方式"命令，打开"增减方式"窗口。
2. 选中"增加方式"选项，然后在"增加方式名称"文本框中选中"直接购入"。
3. 单击"修改"按钮，然后在"对应折旧科目"文本框中录入"100201，工行存款"。
4. 单击"确定"按钮。
5. 重复以上操作，继续设置其他增减方式。

> **提示：**
>
> 已使用过(卡片已选用过)的增减方式或非末级增减方式，不能删除。

3.1.4　设置对应折旧科目

【任务描述】

固定资产每月都要计提折旧，因此需要提前将其对应的折旧科目设置好，这样月末计提折旧时就能直接按照对应折旧科目归集费用。

【知识储备】

固定资产计提折旧时应将折旧归入成本或费用中，通常可按照部门或类别来归集。当按照部门归集折旧费用时，某一部门所属的固定资产折旧费用将被归集到一个预先设置好的相对固定的科目中，这个科目就是该部门的对应折旧科目。

系统提供的固定资产折旧方法有六种:平均年限法(一)、平均年限法(二)、工作量法、年数总和法、不提折旧法和双倍余额递减法。在菜单栏中选择"固定资产"|"设置"|"折旧方法",打开"折旧方法"对话框,然后查看窗口右侧显示的公式可以了解各折旧方法的运用。值得强调的是,企业也可以自行设置折旧方法。

【任务实施】

一、业务资料

悦华公司各部门的对应折旧科目见表3-4。

表3-4　部门对应折旧科目

部门	对应折旧科目	部门	对应折旧科目
总经理办公室	管理费用/折旧费(660203)	销售部	销售费用/折旧费(660102)
财务部	管理费用/折旧费(660203)	采购部	管理费用/折旧费(660203)
人力资源部	管理费用/折旧费(660203)	仓管部	管理费用/折旧费(660203)

二、操作步骤

1.进入固定资产系统,执行"设置"|"部门对应折旧科目"命令,打开"部门编码表"窗口。

2.选中"总经理办公室"选项,单击"修改"按钮,然后在"折旧科目"文本框中录入"660203 折旧费"。

3.单击"保存"按钮。

4.重复以上操作,继续设置其他部门对应折旧科目。

3.1.5　录入原始卡片

【任务描述】

固定资产原始卡片信息需要录入"畅捷通 T3"系统,以确保历史资料的连续性。原始卡片信息包括固定资产编号、所在部门、增加方式、使用年限和原值等。

【知识储备】

固定资产卡片是固定资产核算和管理的基础资料。原始卡片的录入时间不受控制,但所记录的资产开始使用日期必须早于固定资产系统的启用日期,否则系统无法识别。

【任务实施】

一、业务资料

悦华公司固定资产原始卡片信息见表3-5。

表 3-5　固定资产原始卡片

固定资产名称	固定资产编号	所在部门	增加方式	可使用年限	开始使用日期	原值/元	净残值率/%	净残值/元	已提月份	累计折旧/元	折旧方法
办公楼	011001	总经理办公室	在建工程转入	30	2015年6月16日	500 000.00	2	10 000.00	32	24 800.00	平均年限法（一）
仓房	021001	仓管部	在建工程转入	30	2015年11月1日	100 000.00	2	2 000.00	27	3 982.37	平均年限法（一）
A品牌电脑	031001	总经理办公室	直接购入	5	2014年2月1日	8 000.00	5	450.00	36	4 657.20	平均年限法（一）
B品牌电脑	031002	人力资源部	直接购入	5	2018年12月1日	3 000.00	5	200.00	10	1 931.20	平均年限法（一）
C品牌电脑	031003	财务部	直接购入	5	2015年12月2日	3 500.00	5	200.00	42	2 611.30	平均年限法（一）
C品牌电脑	031004	销售部	直接购入	5	2015年12月2日	3 500.00	5	200.00	42	2 611.30	平均年限法（一）
C品牌电脑	031005	采购部	直接购入	5	2015年12月2日	3 500.00	5	200.00	42	2 611.30	平均年限法（一）
打印机	031006	销售部	直接购入	5	2016年12月3日	2 500.00	5	175.00	30	1 078.60	平均年限法（一）
缝纫机	032001	销售部	直接购入	8	2015年12月1日	2 000.00	5	100.00	12	412.00	平均年限法（一）
运送机	032002	仓管部	直接购入	6	2015年12月1日	45 660.00	5	2 250.00	12	19 980.00	平均年限法（一）
轿车	04001	总经理办公室	直接购入	500 000千米	2015年3月1日	260 000.00	5	10 000.00	12 000千米	7 390.00	工作量法
合计	—	—	—	—	—	931 600.00	—	—	—	72 065.27	—

二、操作步骤

1. 进入固定资产系统,单击"原始卡片录入"图标,打开"资产类别参照"对话框。

2. 选中"011 办公楼"选项,打开"固定资产卡片"窗口。

3. 依次录入"类别编码"为"011"、"部门名称"为"1 总经理办公室"、"增加方式"为"105 在建工程转入"、"使用状况"为"在用"、"开始使用日期"为"2015－06－16"、"已计提月份"为"32"、"原值"为"500 000.00"、"净残值率"为"2%"、"累计折旧"为"24 800.00"。

4. 单击"保存"按钮,然后在弹出的"数据成功保存"对话框中单击"确定"按钮,退出。

5. 重复以上操作,继续录入其他原始卡片。

任务 3.2　日常业务处理

【学习目标】

1. 掌握固定资产管理系统的基本功能。

2. 掌握固定资产卡片管理及固定资产增减变动的处理方法。

3. 掌握固定资产折旧的处理方法。

【知识结构】

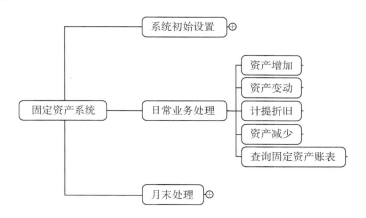

3.2.1　资产增加

【任务描述】

企业的固定资产经常会发生增减变动,一旦发生就要及时处理。当资产增加时,需要录入一张新的固定资产卡片,以便与期初录入的卡片相对应。

【知识储备】

企业在正常运营过程中一旦发生固定资产增加的情况,就应及时处理,否则会影响计提折旧。资产增加是指以购入等方式增加企业固定资产。由于固定资产增加的原因不尽相同,因此核算时应根据实际情况在固定资产卡片中录入增加的固定资产信息。

【任务实施】

一、业务资料

悦华公司在 2019 年 1 月份发生如下经济业务：

[业务 15]20 日，采购部购入缝纫机一台，价值 2 000.00 元，净残值率为 5%。

二、操作步骤

1. 以固定资产管理员（03 王紫）身份进入固定资产系统，执行"卡片"|"资产增加"命令，打开"资产类别参照"对话框。

2. 选中"03 机器"下的"032 经营设备"选项，然后单击"确认"按钮，打开"固定资产卡片[新增资产：00012 号卡片]"窗口。

3. 在"固定资产名称"文本框中录入"缝纫机"，在"部门名称"文本框中录入"4 采购部"，在"增加方式"文本框中录入"101 直接购入"，在"使用状况"文本框中录入"12001 在用"，在"开始使用日期"文本框中录入"2019-01-20"，在"币种"文本框中录入"人民币"，在"原值"文本框中录入"2 000.00"，在"净残值率"文本框中录入"5%"，在"净残值"文本框中录入"100"，在"净值"文本框中录入"2 000.00"，在"对应折旧"文本框中录入"660102 折旧费"。

4. 单击"保存"按钮，然后在弹出的"数据成功保存"提示框中单击"确定"按钮。

5. 以会计（04 陈明宏）身份进入固定资产系统，执行"处理"|"批量制单"|命令，打开"批量制单"对话框。

6. 单击"制单"按钮，打开"批量制单"窗口。

7. 在菜单栏单击"制单"按钮，系统会生成记账凭证。

8. 修改凭证日期及附件张数后，单击"保存"按钮，返回。

提示：

1. 若固定资产的开始使用月份与卡片录入月份相同，则可通过固定资产界面的"资产增加"录入。

2. 固定资产卡片的"开始使用日期"项目只能更改"日"，"年""月"均不能修改。

3. 固定资产原值一定要录入该资产增加当月月初的价值，否则会出现计算错误。

4. 新增的固定资产当月不计提折旧，累计折旧为空或"0"。

3.2.2 资产变动

【任务描述】

固定资产经常会发生增减以及各种项目的变动等情况，一旦发生变动就应及时处理，以便为企业的成本费用核算提供依据。

【知识储备】

固定资产变动包括原值变动、部门转移、使用状况变动、使用年限调整、折旧方法调整、净残值(率)调整、工作总量调整、累计折旧调整、资产类别调整和变动单管理等。固定资产的其他项目,如名称、编号等的变动可在卡片上直接修改。

1.原值变动。原值变动分为原值增加和原值减少两种。通常有五种情况会导致固定资产原值发生增减:(1)增加补充设备或改良设备;(2)拆除部分固定资产;(3)按国家规定对固定资产重新估价;(4)根据实际价值调整原来的暂估价值;(5)原先记录的资产价值有误。

2.部门转移。固定资产在使用过程中会因内部调配而发生部门变动,对此应及时处理,否则将影响部门的折旧计算。

3.折旧方法调整。通常固定资产的折旧方法一年内不做更改,但有特殊需要时可调整。

固定资产发生变动时要求录入相应的变动单来记录调整结果。变动单是指对固定资产卡片上的某些项目进行修改、调整后生成的原始凭证。变动单管理的内容主要包括:原值增加或减少、部门转移、使用状况变动、累计折旧调整、使用年限调整、资产类别调整、折旧方法调整、工作总量调整、净残值(率)调整、计提减值准备等。

系统规定不允许对本月录入和新增的卡片进行变动处理。只有在完成计提折旧、制单和结账后,才能进行固定资产的变动处理。

【任务实施】

一、业务资料

以下为悦华公司2019年1月份需要完成的固定资产变动业务:

[业务16]3日,总经理办公室的轿车(固定资产编号:04001)添置新配件,价值8 000.00元(支票:No.12459)。

[业务17]8日,将人力资源部的B品牌电脑(固定资产编号:031002)调拨到销售部。

[业务18]13日,将缝纫机(固定资产编号:032001)的折旧方法由"平均年限法(一)"改为"年数总和法"。

二、操作步骤

1.原值变动

(1)执行"固定资产"|"卡片"|"变动单"|"原值增加"命令,打开"固定资产变动单[新建变动单:00001号变动单]"窗口。

(2)在"固定资产编号"文本框中录入"04001",在"增加金额"文本框中录入"8 000.00",在"变动原因"文本框中录入"添置新配件"。

(3)其他各项会在录入固定资产编号后自动显示,单击"保存"按钮。

(4)在弹出的"数据成功保存!"提示框中单击"确定"按钮。(如图3-3所示)

图 3-3 "固定资产变动单[新建变动单:00001 号变动单]"窗口

> **提示：**
>
> 1. 由于变动单保存后不能修改,而且只有当月的变动单才可删除并重新填制,所以填制变动单时应仔细检查,确认无误后再保存。
>
> 2. 固定资产变动后的净值必须大于变动后的净残值。

2. 部门转移

(1)执行"固定资产"|"卡片"|"变动单"|"部门转移"命令,打开"固定资产变动单[新建变动单:00002 号变动单]"窗口。

(2)在"固定资产编号"文本框中录入"031002",然后双击"变动后部门",在弹出的对话框中选中"销售部",并在"变动原因"文本框中录入"调拨"。

(3)其他各项会在录入固定资产编号后自动显示,单击"保存"按钮,系统弹出提示:"数据成功保存! 部门已改变,请检查资产对应折旧科目是否正确!"

(4)单击"确定"按钮,返回。

> **提示：**
>
> 固定资产在使用过程中可能会发生各种形式的变动,当需要连续填制多张变动单时,可以在完成一张变动单后直接单击工具栏中的"增加"按钮,这时系统就会显示一张新的空白的变动单。

3. 折旧方法调整

（1）执行"固定资产"｜"卡片"｜"变动单"｜"折旧方法"命令，打开"固定资产变动单［新建变动单：00003 号变动单］"窗口。

（2）在"固定资产编号"文本框中录入"032001"，其他各项随后自动显示。

（3）双击"变动后折旧方法"后的空白处，然后在弹出的对话框中选择"年数总和法"，在"变动原因"文本框中录入"根据实际使用情况变更"。（如图 3-4 所示）

图 3-4 "固定资产变动单［新建变动单：00003 号变动单］"窗口

（4）单击"保存"按钮，然后在弹出的"数据成功保存！"提示框中单击"确定"按钮。

提示：

1. 当某项资产已计提折旧并通过生成的记账凭证把数据传递到总账系统后，若想再做修改，则只有删除该凭证才可重新计提折旧。

2. 在资产计提折旧后，如果又对账套进行了影响折旧计算或分配的操作，则必须重新计提折旧，否则系统不允许结账。

3.2.3 计提折旧

【任务描述】

根据录入系统的资料，使用系统提供的"折旧计提"功能可以对固定资产每期进行一次计提折旧。系统会自动生成折旧分配表和记账凭证，并将本期折旧费用记账。

【知识储备】

自动计提折旧是固定资产系统的主要功能之一。当开始计提折旧时，系统会自动计提所有资产当期折旧额,并自动累加到累计折旧科目。计提工作完成后,需要进行折旧分配,形成折旧费用。系统除了会自动生成折旧清单之外,还会生成折旧分配表,并将本期折旧费用记账。折旧分配表是制作记账凭证和把计提折旧额分配到相关成本和费用的依据。

固定资产的折旧处理包括计提本月折旧、整理折旧数据和形成折旧报表。固定资产系统在一个会计期间内可以计提多次折旧,但每次计提只是将计提的折旧额累加到月初的累计折旧科目,不会重复累加。

【任务实施】

悦华公司 2019 年 1 月份发生如下经济业务:

[业务 19]30 日,计提本月固定资产折旧。

1. 以会计(04 陈明宏)身份进入固定资产系统,执行"处理"|"计提本月折旧"命令,系统弹出提示:"本操作将计提本月折旧,并花费一定时间,是否要继续?"

2. 单击"是"按钮,然后在弹出的"是否要查看折旧清单?"提示框中单击"是"按钮,生成"折旧清单"。

3. 单击"退出"按钮,打开"折旧分配表"窗口。

4. 单击"凭证"按钮,生成一张计提折旧的记账凭证。

5. 录入相关内容后,单击"保存"按钮。

6. 单击"退出"按钮,返回。

提示:

1. 企业新建或改扩建的固定资产,已达到预计可使用状态的,若尚未办理竣工决算,则应按照预估价值暂估入账并计提折旧,待竣工决算完成后,再将预估价值调整为实际成本,同时调整原已计提的折旧额。

2. 若上次计提的折旧已制单并传递到总账系统,则只有删除该凭证才能重新计提折旧。

3.2.4 资产减少

【任务描述】

当固定资产减少时,系统需要生成一张新的固定资产卡片,以便与期初录入数据相对应。

【知识储备】

固定资产应当按月计提折旧。当月增加的固定资产,当月不计提折旧,并从下月起计提折旧;当月减少的固定资产,当月仍计提折旧,并从下月起停止计提折旧;提前报废的固定资产,不再计提折旧。通常固定资产减少的基本途径有固定资产的毁损、盘亏、出售、报废等。

【任务实施】

一、业务资料

悦华公司 2019 年 1 月份发生如下经济业务:

[业务 20] 30 日,财务部王一欢因使用不当导致 C 品牌电脑(固定资产编号:031003)毁损,公司责成其赔偿经济损失 1 500.00 元,并列入"其他应收款"。

二、操作步骤

1. 以会计(04 陈明宏)身份进入固定资产系统,执行"卡片"|"资产减少"命令,打开"资产减少"对话框。

2. 单击"增加"按钮,然后在"固定资产编号"文本框中录入"031003",选中"减少方式"为"报废"。

3. 单击"确定"按钮,然后在弹出的对话框中单击"确定"按钮,退出。(如图 3-5 所示)

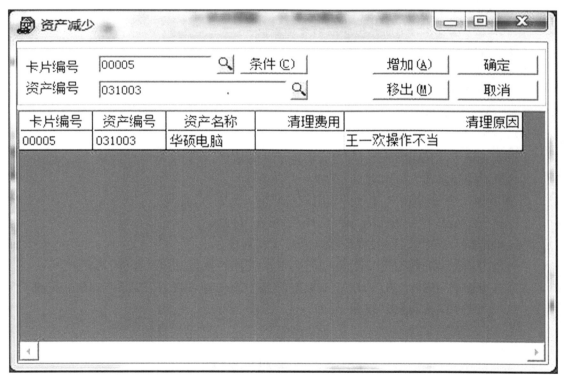

图 3-5 "资产减少"窗口

4. 执行"处理"|"批量制单"命令,打开"批量制单"对话框。

5. 单击"全选"按钮,打开"制单设置"页签。

6. 在"批量制单"窗口单击"制单"按钮,生成凭证。

7. 修改相关内容后,单击"保存"按钮,返回。

3.2.5 查询固定资产账表

【任务描述】

财务人员可以通过查询固定资产卡片、固定资产原值一览表、固定资产登记簿和固定资产总账的方式，来对固定资产进行分类、汇总、分析和输出，以满足企业固定资产管理的需要。

【知识储备】

财务人员可以通过固定资产系统提供的账表管理功能对固定资产进行及时的统计、汇总等核算。账表包括账簿、折旧表、统计表、分析表等。如果系统提供的报表种类不能满足企业需要，那么财务人员还可以根据实际需要利用自定义报表功能自行编制报表。

系统自动生成的账簿包括（单个）固定资产明细账、固定资产登记簿和固定资产总账。这些账簿以不同方式序时地反映了资产变化情况，在查询过程中可联查某时期（部门、类别）的明细及相应原始凭证，从而获得所需财务信息。

【任务实施】

1. 查看悦华公司 2019 年 1 月份固定资产卡片

（1）以固定资产管理员（03 王紫）身份进入固定资产系统，执行"卡片"丨"卡片管理"命令，打开"卡片管理"窗口。

（2）选中"按部门查询"，然后在"固定资产一览表"中选中拟查询的固定资产卡片。

（3）双击该卡片记录所在行，即可查看该卡片的信息。

（4）查看完毕单击"关闭"按钮，返回。

2. 查看悦华公司 2019 年 1 月份固定资产原值一览表

（1）执行"账表"丨"我的账表"命令，打开"报表"窗口。

（2）单击"统计表"文件夹，打开"统计表"文件列表。

（3）选中拟查询的固定资产原值一览表，单击"打开"按钮，打开"条件"对话框。

（4）选定查询期间为"2019.01"后，单击"确定"按钮，即可查看固定资产原值一览表。

（5）查询完毕单击"退出"按钮，返回。

任务 3.3　月末处理

【学习目标】

1. 掌握固定资产系统的月末对账与结账。

2. 掌握清空固定资产信息的方法。

【知识结构】

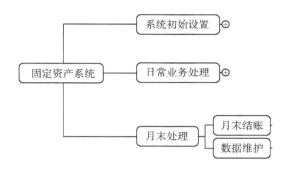

3.3.1　月末结账

【任务描述】

期末的固定资产业务处理工作主要为计提折旧和结账。只有将固定资产系统各科目数据记账结转后,系统账套才能正常处理下期业务。

【知识储备】

月末结账每月进行一次,结账后当期数据不能修改。如果存在错误必须要修改的话,可通过系统提供的"恢复月末结账前状态"功能进行反结账后,再进行相应的修改。只有固定资产系统完成了当月全部的制单业务,才能进行月末结账。

若系统本期不进行结账,则不能处理下期数据。结账前,一定要进行数据备份,否则数据一旦丢失将造成无法挽回的后果。

【任务实施】

以悦华公司 2019 年 1 月份月末结账为例。

1. 以账套主管(01 章曼)身份进入固定资产系统,对新增且未审核的凭证进行审核。

2. 以出纳(05 王一欢)身份进入总账系统,对新增凭证进行出纳签字。

3. 以账套主管(01 章曼)身份进入总账系统,对新增凭证进行记账,然后执行"处理"|"对账"命令,打开"与账务对账结果"对话框。

4. 单击"确定"按钮,然后执行"处理"|"月末结账"命令,打开"月末结账"对话框。

5. 单击"开始结账"按钮,系统会弹出"与账务对账结果"提示框。

6. 单击"确定"按钮,即可完成固定资产本月结账工作。

提示:

1. 对账不平衡的原因是:固定资产系统传递到总账系统的自制凭证尚未记账。

2. 需要先在总账系统记账并完成固定资产数据对账平衡后,才能对固定资产系统进行月末结账。固定资产系统结账后,总账系统才可结账。

3.3.2　数据维护

任何系统在运行中都难免发生错误，加之有些数据不能修改或者修改起来太过复杂，对此"畅捷通 T3"系统提供了数据维护功能，即执行"固定资产"|"数据维护"|"重新初始化账套"命令，将固定资产模块内的内容全部清空，然后重新进行操作。

项目 4　财务报表系统

财务报表系统的主要任务是设计报表格式和编辑公式,从总账系统或其他业务系统中取得有关会计信息,自动编制各种会计报表并对报表进行审核、汇总,生成各种分析图并按预定格式输出。

任务 4.1　财务报表模板应用

【学习目标】

1. 掌握财务报表系统的基本术语及操作流程。

2. 掌握财务报表模板的应用和数据处理方法。

【知识结构】

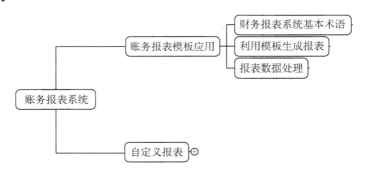

4.1.1　财务报表系统基本术语

【知识储备】

1. 财务报表系统基本术语。在应用财务报表系统前,需要先了解相关概念。

(1)报表结构。财务报表一般由标题、表头、表体和表尾四个基本要素组成。

①标题,即报表的名称。报表的标题可能不止一行,而且有时还会有副标题、修饰线等内容。

②表头,即报表的编制单位名称、日期以及报表栏目名称等辅助信息。报表栏目名称是表头的最主要内容,决定着报表的纵向结构、列数以及每一列的宽度。有些报表的表头栏目比较简单,只有一层,而有些却比较复杂,存在多行栏目嵌套情况。

③表体,即报表的主体,由表行和表列组成。表体决定着报表的横向结构,是报表数据的表现区域。

④表尾,即表体以下进行辅助说明的部分,如编制人、审核人等信息。

（2）格式状态与数据状态。财务报表系统将报表分成报表格式设计与报表数据处理两部分来处理。

①格式状态。在格式状态下,所能看到的只是报表的格式,报表的数据被全部隐藏,用户的操作会对报表的所有表页发生作用,但不能进行数据的录入、计算等操作。这时可以设置表的尺寸、行高、列宽、单元属性以及报表公式等。

②数据状态。在数据状态下,所能看到的是包括格式和数据在内的报表全部内容,但不能修改报表的格式。这时可以管理报表的数据,如进行录入数据、增加或删除表页、审核、舍位平衡、制作图形、汇总及合并报表等操作。

（3）单元及单元属性。报表中由表行和表列确定的方格称为单元,它是组成报表的最小单位,用于填制各种数据。每个单元都可用一个名字来标识,称为单元名。单元名用所在的行和列的坐标表示,行号用数字1—9999表示,列标用字母A—IU表示,如D6即表示报表中第6行第4列对应的单元。

单元属性包括单元类型、字体颜色、对齐方式和表格边框等。其中,单元类型是指单元中可以存放的数据的类型,分为数值型、字符型和表样型。

①数值单元,是报表的数据,在数据状态下录入。数值单元的内容必须是数字,可直接录入也可由单元中存放的公式运算生成。建立一个新表时,所有单元的单元类型均默认为数值型。

②字符单元,是报表的数据,在数据状态下录入。字符单元的内容可以是汉字、字母、数字以及键盘可输入的各种符号组成的一串字符,其既可以直接录入,也可以由单元公式生成。

③表样单元,是报表的格式,在格式状态下录入和修改。表样单元是定义一个没有数据的空表所需的所有文字、符号或数字,对所有的表页都有效。

（4）区域和组合单元。区域由表页上的一组单元组成,自起点单元（左上角单元）至终点单元（右下键单元）是一个完整的矩形块。在通用报表系统中,区域是二维的,最大的区域是一个二维表的所有单元（整个表页）,最小的区域是一个单元。在描述一个区域时,起点单元与终点单元之间用冒号连接,如A3:E8即表示从A3到E8的区域。

在实际工作中,有的单元往往需要超长录入,这时可以采用系统提供的组合单元功能。组合单元由相邻的两个或两个以上单元合并组成,这些单元必须是同一类型（数值、字符、表样）的,其名称可以用区域名称或区域中的单元名称来表示。

（5）关键字。关键字是一种特殊的数据单元,可以唯一标识一个表页,用于在大量表页中快速选择表页。关键字的显示位置在格式状态下设置,关键字的值则在数据状态下录入,每张报表可以定义多个关键字。通用财务报表共提供了六种关键字。

①单位名称:字符型,为报表表页编制单位的名称。

②单位编号:字符型,为报表表页编制单位的编号。

③年:数字型,为报表表页反映的年度。

④季:数字型,为报表表页反映的季度。

⑤月:数字型,为报表表页反映的月份。

⑥日:数字型,为报表表页反映的日期。

2. 财务报表系统的基本操作流程。在"畅捷通 T3"系统中,财务报表系统采用的是嵌入式通用电子表格的方式,使财务报表系统功能得到了极大改善。这种财务报表系统可使用户在不需要软件开发人员帮助的情况下,生成工作中所需的各种财务报表。报表的大小、格式可自由定义,报表中的数据可直接从财务数据库中获取,如从其他报表中取数、从账簿中取数、从日常业务资料中取数等。

4.1.2　利用模板生成报表

【任务描述】

启动 UFO 报表系统,调用并修改系统预置报表模板。

【知识储备】

财务报表系统中一般都提供了多种不同行业的常用财务报表格式及公式,称为报表模板,每个模板中都详细设计了该报表的格式与公式。用户可以根据需要调用系统已有的报表模板,也可结合实际情况,在此基础上进行修改。

【任务实施】

1. 按照新会计制度科目生成悦华公司 2019 年 1 月份的资产负债表和利润表

(1)在"财务报表"窗口中单击"新建"图标,系统会自动生成一张空白表。

(2)执行"格式"|"报表模板"命令,打开"报表模板"对话框(也可执行"文件"|"新建"命令,直接打开"报表模板"对话框)。

(3)在"您所在的行业"下拉列表中选择"一般企业"选项,然后选择财务报表的名称为"资产负债表"。

(4)单击"确认"按钮,系统弹出提示:"模板格式将覆盖本表格式!是否继续?"

(5)单击"确定"按钮。

提示:

　1. 调用预置报表模板时,要注意选择正确的所在行业及相应的会计报表,不同行业的报表内容有所不同。

　2. 当前报表套用报表模板后,原有内容将丢失。

2. 对资产负债表预置模板中"未分配利润"报表的公式进行修改(在"格式"状态下进行)

(1)直接录入公式

①在"财务报表"窗口中选定需要定义公式的单元"F34",即"未分配利润"的年初余额。

②执行"数据"|"编辑公式"|"单元公式"命令,打开"定义公式"对话框。(如图 4-1 所示)

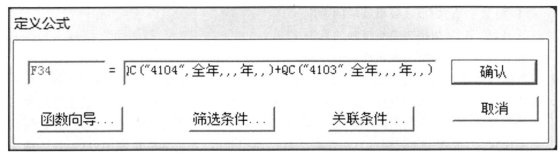

图 4-1 "定义公式"对话框

③直接录入总账期初函数公式：QC（"4104"，全年，，，年，，）＋QC（"4103"，全年，，，年，，）。

④单击"确认"按钮。

（2）利用函数向导录入公式

①在"财务报表"窗口中选定被定义单元"E34"，即未分配利润期末余额。

②单击编辑框中的"Fx"按钮，打开"定义公式"对话框。

③单击"函数向导"按钮，打开"函数向导"对话框。（如图 4-2 所示）

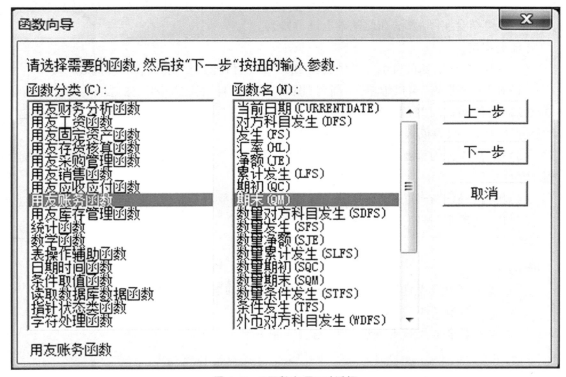

图 4-2 "函数向导"对话框

④在"函数分类"列表框中选择"用友账务函数"，然后在"函数名"列表框中选择"期末（QM）"。

⑤单击"下一步"按钮，打开"用友账务函数"对话框。

⑥单击"参照"按钮,打开"账务函数"对话框。

⑦在"账套号"下拉列表中选择"001",在"会计年度"下拉列表中选择"2019",在"科目"文本框中录入"4103",在"期间"下拉列表中选择"月",在"方向"下拉列表中选择"默认"。

⑧单击"确定"按钮,返回"用友账务函数"对话框。

⑨单击"确定"按钮,返回"定义公式"窗口,然后录入运算符"+"。

⑩重复以上操作,继续录入未分配利润公式。

3. 保存新的报表模板

(1)将修改完成的报表模板以文件名"zcfzb. rep"保存。

(2)在"财务报表"窗口中执行"格式"|"自定义模板"命令,打开"自定义模板"对话框。

(3)单击"增加"按钮,打开"定义模板"对话框,然后录入行业名称"新会计制度科目"。

(4)单击"确定"按钮,然后在"行业名称"列表框中选择"新会计制度科目"。

(5)单击"下一步"按钮,返回"自定义模板"对话框。

(6)单击"增加"按钮,打开"添加模板"对话框,然后在报表保存的位置录入报表名称"zcfzb. rep"。

(7)单击"添加"按钮,返回"自定义模板"对话框。

(8)单击"完成"按钮。

4.1.3 报表数据处理

【任务描述】

生成悦华公司2019年1月份的资产负债表和利润表。

【知识储备】

数据处理是在数据状态下录入数据或按照预先设定的计算公式从账簿中取数并生成报表的过程。数据处理一般需要完成关键字录入、报表生成等工作。

【任务实施】

1. 在数据状态下执行"数据"|"关键字"|"录入"命令,打开"录入关键字"对话框,然后录入相关的关键字。

2. 单击"确认"按钮,系统弹出提示:"是否重算第1页?"

3. 单击"是"按钮,系统会自动根据公式计算2019年1月份数据。

4. 执行"数据"|"表页重算"命令,系统弹出提示:"是否重算第1页?"

5. 单击"是"按钮,系统会自动在初始账套和会计年度范围内根据单元公式计算生成2019年1月份资产负债表。

6. 执行"格式"|"报表模板"命令,打开"报表模板"对话框。

7. 选择财务报表的名称为"利润表",然后重复上述操作,计算生成2019年1月份利润表。

任务 4.2 自定义报表

【学习目标】

1. 能够进行自定义报表格式设计。

2. 能够定义报表公式。

【知识结构】

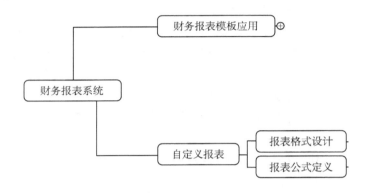

4.2.1 报表格式设计

【任务描述】

创建一张新表，按要求设计格式并保存为"存货明细表"。

【知识储备】

创建新表，又称新表登记或者报表注册，即把需要处理的报表在系统中进行登记。登记的内容一般包括报表标识符及相关属性。报表标识符是系统区别不同报表的唯一标识，它既可以是一个文件名，也可以是一个编号或编码。在创建新表时，还需指定与该表有关的属性。

新表创建完毕后，应进行报表的格式设计，它决定了整张报表的外观和结构。格式设置主要包括设置表的大小、日期、区域画线、标题、表头、表尾以及表体固定栏目的内容和单元属性等。

【任务实施】

一、业务资料

根据以下要求进行报表格式设计。

1. 建立一张空白报表并命名为"存货明细表"（见表4-1）。

表 4-1   存货明细表

	A	B	C	D
1	单位名称：			年 月 日
2				
3	项目	行次	年初数	年末数
4	在途物资	1		
5	原材料	2		
6	库存商品	3		
7	周转材料	4		
8	合计	5		

2. 设置表的尺寸为 8 行 4 列。

3. 设置行高为 8 毫米，A、C、D 列的列宽为 40 毫米，B 列的列宽为 30 毫米。

4. 选择区域 A3:D8，并设置其画线类型为"网线"、样式为"—"。

5. 设置组合单元 A1:D1、A2:D2。（均按行组合）

6. 定义 A1:D1 单元为：字体"宋体"，字形"粗体"，字号"14"，对齐方式为水平和垂直方向均"居中"；A3:D3 单元为：字体"宋体"，字形"粗体"，字号"12"，对齐方式为水平和垂直方向均"居中"；A4:A7 单元为：字体"宋体"，字号"12"，对齐方式为水平方向"居左"和垂直方向"居中"。

7. 选择区域 C4:D8，并定义其单元类型为"数值"、格式为"逗号"。

8. 定义"单位名称""年""月""日"四个关键字，并适当调整"年""月""日"的偏移量。

二、操作步骤

1. 创建新表

(1) 在"财务报表"窗口中执行"文件" | "新建"命令，系统自动生成一张空白表。

(2) 执行"文件" | "保存"命令，打开"另存为"对话框。

(3) 录入报表名称"存货明细表"，然后单击"保存"按钮。

2. 设置表尺寸

(1) 在"财务报表–存货明细表"窗口中，执行"格式" | "表尺寸"命令，打开"表尺寸"对话框。

(2) 在"行数"文本框中录入"8"，在"列数"文本框中录入"4"。

(3) 单击"确认"按钮。

3. 定义行高和列宽

(1) 选定需要调整的单元所在行。

（2）执行"格式"|"行高"命令，打开"行高"对话框，然后在"行高［毫米］"文本框中录入"8"。

（3）单击"确认"按钮。

（4）分别选定需要调整的单元所在列，执行"格式"|"列宽"命令，然后按要求录入"40"或"30"。

（5）单击"确认"按钮。

4. 设置画线类型

（1）选中需要设置画线的区域"A3：D8"。

（2）执行"格式"|"区域画线"命令或者点击工具栏的"区域画线"按钮，打开"区域画线"对话框。（如图 4-3 所示）

（3）选择"画线类型"为"网线"，样式为"一"。

（4）单击"确认"按钮。

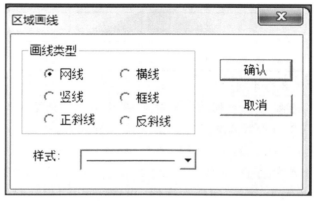

图 4-3 "区域画线"对话框

提示：

报表尺寸即使设置完毕，但在输出时仍然是没有任何表格线的。因此，为了满足查询和打印的需要，可在适当的位置设置不同的画线类型及样式。

5. 设置组合单元

（1）选择需要合并的区域，如"A1：D1"。

（2）执行"格式"|"组合单元"命令，打开"组合单元"对话框。（如图 4-4 所示）

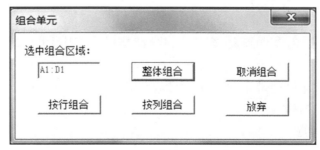

图 4-4 "组合单元"对话框

（3）选择"按行组合"，即可完成组合单元设置。

6. 录入项目文字

在录入报表项目时，编制单位、日期一般无须手工录入，报表系统会将其设置为关键字，其余项目文字正常录入。

7. 设置单元属性

（1）选中标题所在组合单元"A1∶D1"。

（2）执行"格式"|"单元属性"命令，打开"单元格属性"对话框，然后选中"字体图案"选项卡。

（3）选中字体为"宋体"、字形为"粗体"、字号为"14"。

（4）选择"对齐"选项卡，然后分别选中"水平方向"和"垂直方向"的"居中"按钮。

（5）单击"确定"按钮。

8. 定义单元属性

（1）选择区域"C4∶D8"。

（2）执行"格式"|"单元属性"命令，打开"单元格属性"对话框。

（3）选中"单元类型"为"数值"、"格式"为"逗号"。

（4）单击"确定"按钮。

9. 定义关键字

（1）选中需要录入关键字的单元"A2∶D2"。

（2）执行"数据"|"关键字"|"设置"命令，打开"设置关键字"对话框。

（3）选中"单位名称"按钮，然后单击"确定"按钮。

（4）按照以上操作，将"年""月""日"均定义为关键字。

（5）执行"数据"|"关键字"|"偏移"命令，打开"定义关键字偏移"对话框。

（6）在需要调整位置的关键字"年""月""日"后面，分别录入"-75""-40""0"。

（7）单击"确定"按钮。

提示：

关键字偏移的程度以使报表美观为原则，不拘于定数，正数表示该关键字向右方移动；负数表示该关键字向左移动。

4.2.2　报表公式定义

【任务描述】

在"存货明细表"中设置单元公式并生成悦华公司2019年1月份的数据。

【知识储备】

财务报表系统提供了三种主要的公式：单元公式、审核公式和舍位平衡公式。

单元公式，即为报表数据单元赋值的公式。单元公式的作用是从账簿、凭证、本报表或其他报表中调用运算所需的数据。在"畅捷通 T3"软件的财务报表系统中，单元公式能够直接定义在数值型或字符型单元内。定义公式时，既可以直接录入公式内容，也可以使用函数向导在系统的提示下一步步生成公式。

审核公式，即依据报表中各个数据之间的钩稽关系定义的公式。利用审核公式可以进一步检验报表编制结果的正确性。

舍位平衡公式，即重新调整报表数据位数转换后的平衡关系的公式。通常报表的数据单位会根据企业自身情况设定为元、千元和万元等，这样在汇总报表时各个报表的数据有可能不统一，因此需要将报表的数据进行位数转换。例如，将报表的数据单位由个位转换为百位、千位或万位等。

【任务实施】

一、业务资料

根据表 4-2 定义"存货明细表"计算公式。

表 4-2 "存货明细表"计算公式

项目	年初数	年末数
在途物资	QC（"1402"，月，，，2019，，，，，）	QM（"1402"，月，，，2019，，，，，）
原材料	QC（"1403"，月，，，2019，，，，，）	QM（"1403"，月，，，2019，，，，，）
库存商品	QC（"1405"，月，，，2019，，，，，）	QM（"1405"，月，，，2019，，，，，）
周转材料	QC（"1411"，月，，，2019，，，，，）	QM（"1411"，月，，，2019，，，，，）
合计	C4+C5+C6+C7	D4+D5+D6+D7

二、操作步骤

1.定义计算公式

（1）在"财务报表"窗口中选择被定义单元"C4"，即"在途物资期初余额"。

（2）单击编辑框中的"Fx"按钮，打开"定义公式"对话框。

（3）单击"函数向导"按钮，打开"函数向导"对话框。

（4）在"函数分类"列表框中选择"用友账务函数"，然后在"函数名"列表框中选择"期末（QM）"。

（5）单击"下一步"按钮，打开"用友账务函数"对话框。

（6）单击"参照"按钮，打开"账务函数"对话框，

（7）在"账套号"下拉列表中选择"默认"，在"会计年度"下拉列表中选择"2019"，在"科目"文本框中录入"1402"，在"期间"下拉列表中选择"月"，在"方向"下拉列表中选择"默认"。

（8）单击"确定"按钮,返回"用友账务函数"对话框。

（9）单击"确定"按钮,返回"定义公式"窗口。

（10）重复上述操作,继续录入其他单元的计算公式。

2. 生成存货明细表

（1）在数据状态下执行"数据"|"关键字"|"录入"命令,打开"录入关键字"对话框。

（2）录入单位名称为"北京悦华服装有限公司"、年为"2019"、月为"1"、日为"31"。

（3）单击"确认"按钮,系统弹出提示:"是否重算第 1 页?"

（4）单击"是"按钮,系统会根据公式自动计算悦华公司 2019 年 1 月份数据,并生成存货明细表。

提示：

编制报表时,可以选择整表计算或表页计算。整表计算是就表的所有表页数据进行计算,而表页计算仅是针对某一表页的数据进行计算。

项目5 购销存系统

购销存系统是对企业生产经营中的物料流和资金流进行全程跟踪,集采购、销售、库存以及应收、应付款管理等为一体的典型数据库应用程序。从接获订单到物料的采购、入库、领用,再到产品的完工、入库、交货及回收货款等的每一步,购销存系统都能通过提供详尽、准确的数据,有效辅助企业解决业务管理、分销管理、存货管理、营销计划的执行和监控以及统计信息的收集等问题,从而保障企业实现精细化管理。

任务5.1 购销存系统初始化

【学习目标】

1. 掌握购销存系统的结构功能及业务处理流程。

2. 掌握购销存系统初始化的设置内容和操作方法。

【知识结构】

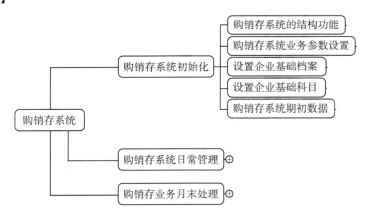

5.1.1 购销存系统的结构功能

【知识储备】

购销存系统又称业务处理系统或供应链管理系统,主要包括采购、销售、库存和核算四个模块。

采购模块能够根据企业采购业务管理和采购成本核算的实际需要制订采购计划,对采购订单、采购到货以及入库状况进行全程管理,从而为采购部门和财务部门提供准确及时的信息,为企业管理决策提供辅助。其主要功能包括:录入采购发票和与其相对应的采购入库单,完成采购报账(结算)工作;录入付款单,处理采购付款业务;进行单据查询及账表的查询、统计。采购模块的操作人员为采购员和库管员。

销售模块能够实现对企业销售业务的全流程管理,并通过与库存系统和总账系统紧密相连,对销售收入、销售成本、销售费用、销售税金、销售利润进行核算,生成产品销售明细账等账簿以及自动编制机制凭证供总账子系统使用等。其主要功能包括:录入销货发票和发货单,完成库存商品的对外销售业务;录入收款单,处理销售收款业务;进行单据查询及账表的查询、统计。销售模块的操作人员为销售员和库管员。

库存模块能够从资金管理角度对存货的出入库进行业务处理,继而将处理结果传递到存货核算系统并进行存货入库成本和出库成本的核算及账务处理。其主要功能包括:根据采购和销售情况进行出入库业务的成本核算,暂估入库业务处理,调整出入库成本以及进行账表的查询、统计等。库存模块的操作人员为库管员。

核算模块针对的是企业存货的收发存业务,主要对业务处理结果进行会计核算与管理,因此是连接财务系统与购销存系统的纽带。核算系统可以帮助企业掌握存货的耗用情况,及时准确地把各类存货成本归集到相应的成本项目和成本对象上,从而为企业的成本核算提供基础数据;可以动态反映存货资金的增减变动情况,提供存货资金的周转和占用分析,从而为企业降低库存、减少资金积压、加速资金周转提供决策依据。其主要功能包括:对各种出入库业务进行入库成本和出库成本核算,针对各种收付款业务生成一系列凭证并传递到总账系统。核算模块的操作人员为会计。

生产型企业购销存系统的业务处理流程通常表现为物料的采购、入库、领取、加工以及产品的入库、销售、回款这样一个动态的过程。"畅捷通 T3"软件的购销存系统集采购、库存、销售、核算于一体,使这一动态过程更加规范、准确。

5.1.2 购销存系统业务参数设置

【任务描述】

1.启用悦华公司账套的购销存系统,启用日期为 2019 年 1 月 1 日。

2.增加操作员并赋予其相应权限。

【知识储备】

购销存系统的初始化设置十分重要。因此,在系统开始启用前企业必须对当前的业务资料和管理资料进行整理和规划,并根据自身的业务特点针对购销存的操作方法做必要的前期准备。同时,还要对数据的基本处理原则和方法、业务操作基本规则、业务流程规范以及必要的参数进行设置和管理。

【任务实施】

一、业务资料

1.以账套主管(01 章曼)身份启用购销存管理和核算系统,启用日期为 2019 年 1 月

1 日。

2. 增加销售员"06 李现"、采购员"07 徐坤"和库管员"08 刘源"，并赋予其相应权限。同时，赋予会计"04 陈明宏"使用购销存管理系统的相应权限。（见表 5-1）

表 5-1　新增操作员及其权限

编码	人员姓名	口令	部门	岗位	权限
04	陈明宏	444	财务部	会计	核算、公用目录设置 应付、应收管理
06	李现	666	销售部	销售员	公用目录设置 应收管理、销售管理
07	徐坤	777	采购部	采购员	公用目录设置 应付管理、采购管理
08	刘源	888	仓管部	库管员	公用目录设置 库存管理

二、操作步骤

1. 启用购销存管理和核算系统

（1）以账套主管（01 章曼）身份登录系统并双击"系统管理"图标，打开"系统管理"窗口。

（2）在菜单栏选择"系统"|"注册"，打开"注册［控制台］"对话框。

（3）在"用户名"文本框中录入"01"，密码为"111"，然后单击"确定"按钮。

（4）在菜单栏选择"账套"|"启用"，打开"系统启用"对话框。

（5）勾选"购销存管理"系统和"核算"系统，并将时间设置为"2019 年 1 月 1 日"，然后单击"退出"按钮。

> **提示：**
>
> 　　1. 如果在建账之后未直接进行"系统启用"操作，则应以账套主管身份打开"系统管理"窗口，并执行"账套"|"启用"命令进行相关子系统的启用操作。
>
> 　　2. 系统启用的约束条件是各系统的启用会计期间均须大于或等于账套的启用期间。如果总账系统先启用，那么购销存系统的启用月份应大于总账系统的已结账月份，而工资系统、固定资产系统的启用月份则必须大于或等于总账系统的未结账月份。
>
> 　　3. 对于启用了存货核算（已进行期初记账）但未启用购销存系统的老用户，在启用购销存系统时，系统会自动弹出购销存升级提示界面，并对原数据进行升级。

2. 增加操作员并赋予相应权限

（1）在"系统管理"窗口执行"权限"|"操作员"命令，打开"操作员管理"窗口。

（2）单击"增加"按钮，打开"增加操作员"对话框，然后录入相应的编号、姓名、所属部门及口令。

（3）单击"增加"按钮，继续增加其他操作员，完毕系统将显示操作员名单。

（4）在"系统管理"窗口执行"权限"|"权限"命令，打开"操作员权限"窗口。

（5）依次为新增操作员赋予权限，然后单击"确定"按钮。

5.1.3 设置企业基础档案

【任务描述】

悦华公司于 2019 年 1 月份开始使用"畅捷通 T3"系统，已经进行了相应的基础设置，但启用购销存系统后，还需完善企业的基础档案信息。

【知识储备】

购销存系统的基础档案包括填制购销存单据时必须录入的项目内容，如存货档案、仓库档案以及收发类别、采购类型和销售类型等。只有预先设置这些信息才能顺利录入各种业务单据，避免因基础信息不全而影响业务进程开展。设置企业基础档案，是系统进行相关的分类查询、统计和汇总的依据。

企业的所有存货都必须先在购销存系统的存货档案中设定，然后才可进行各种业务核算，因此存货设置对整个购销存系统的运行具有关键性影响。存货设置的内容较为复杂，包含大量的控制性信息，如计量单位、存货属性、存货成本和存货供应商等。

存货是在仓库中保管的，要对存货进行核算管理，就要对仓库进行管理。因此，仓库设置是使用购销存系统的重要准备工作之一。同时，仓库档案也是进行存货计价的依据。仓库设置的内容主要包括设置仓库的编码、名称和计价方式等。

收发类别设置是指对存货的出入库类型进行标识，旨在对存货的出入库情况进行分类汇总统计。收发类别可以根据企业的实际需要自由灵活地进行设置。

在采购管理系统中填制采购入库单等单据时，会涉及采购类型的选择。设置采购类型是为了便于对所采购的原料进行分类汇总统计。采购类型不分级次，企业可以根据实际需要自行设置。

在销售管理系统中填制销售订单、发货单等单据时，会涉及销售类型的选择。设置销售类型是为了便于对销售的产品进行分类汇总统计。销售类型不分级次，企业可以根据实际需要设置。

【任务实施】

一、业务资料

根据以下资料在购销存系统中设置悦华公司基础档案。

1. 存货档案见表 5-2。

表 5-2 存货档案

基本信息						成本信息	
存货编号	存货名称	主计量单位	税率/%	是否折扣	存货属性	参考成本/元	参考售价/元
01	女式毛衫	件	13	无	销售、外购	150.00	240.00
02	女式套裙	套	13	无	销售、外购	750.00	880.00
03	男式上衣	件	13	无	销售、外购	300.00	500.00
04	男式西裤	条	13	无	销售、外购	100.00	180.00
05	儿童套装	套	13	无	销售、外购	200.00	300.00
06	运输费	次	9	无	劳务费用	—	—

2. 仓库档案见表 5-3。

表 5-3 仓库档案

仓库编码	仓库名称	部门	计价方式	货位管理
01	女装仓库	仓管部	先进先出法	否
02	男装仓库	仓管部	先进先出法	否
03	童装仓库	仓管部	全月平均法	否

3. 收发类别见表 5-4。

表 5-4 收发类别

收发类别编码	收发类别名称	收发类别标志
1	入库	收
11	采购入库	收
12	盘盈入库	收
2	出库	发
21	销售出库	发
22	赠品出库	发

4. 采购类型见表 5-5。

表 5-5　采购类型

采购类型编码	采购类型名称	入库类别	是否默认值
01	普通采购	11 采购入库	是
02	包装物采购	11 采购入库	否

5.销售类型见表 5-6。

表 5-6　销售类型

销售类型编码	销售类型名称	出库(收发)类别	是否默认值
01	普通销售	21 销售出库	是

二、操作步骤

1. 设置存货档案

(1)以账套主管(01 章曼)身份登录系统,执行"基础设置"|"购销存"|"存货档案"命令,打开"存货档案卡片"窗口,然后选中"所属分类码"为"00"(无分类)。

(2)单击"增加"按钮,然后在"基本"选项卡中依次录入相关存货信息。(如图 5-1 所示)

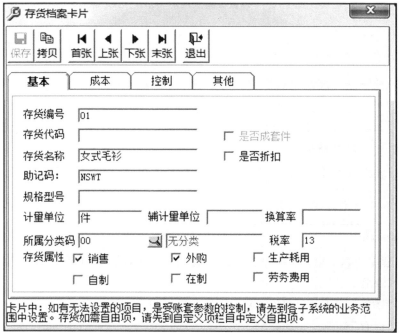

图 5-1　"存货档案卡片"|"基本"选项卡

（3）在"成本"选项卡中依次录入"参考成本"为"150.00"、"参考售价"为"240.00"，然后单击"保存"按钮。（如图 5-2 所示）

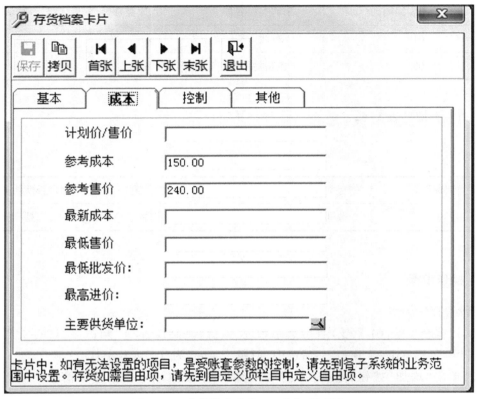

图 5-2　"存货档案卡片"｜"成本"选项卡

提示：

　　1. 存货档案必须在最末级存货分类下增加，若左边框中无存货分类，则将存货归入"无分类"。

　　2. 同一存货可以设置多个属性，但必须正确选择存货属性，否则填制相应的业务单据时有可能无法参照该存货资料。

　　3. 基础档案中的任一字段均禁用以下英文字符："＊""－""％""'""｜""？""＜""＞""＆""；""［""］"。

2. 设置仓库档案

（1）以账套主管（01 章曼）身份进入系统，执行"基础设置"｜"购销存"｜"仓库档案"命令，打开"仓库档案卡片"窗口。

（2）单击"增加"按钮，然后依次录入相关仓库信息。

（3）单击"保存"按钮。（如图 5-3 所示）

图 5-3　"仓库档案卡片"窗口

提示：

　　系统提供了五种计价方式：全月平均法、移动平均法、先进先出法、个别计价法和售价法。每个仓库都须选择一种计价方式。

---

3. 设置收发类别

（1）以账套主管（01 章曼）身份进入系统，执行"基础设置"｜"购销存"｜"收发类别"命令，打开"收发类别"窗口。

（2）依次录入相关收发类别信息，然后单击"保存"按钮。

提示：

　　1. 收发类别设置会直接影响采购类型和销售类型的设置，只有正确设置收发类别，才能正确设置采购类型和销售类型。

　　2. 系统预置了收发类别档案，在此基础上按照企业的业务要求执行"修改"及"删除"操作即可。

---

4. 设置采购类型

（1）以账套主管（01 章曼）身份进入系统，执行"基础设置"｜"购销存"｜"采购类型"命令，打开"采购类型"窗口。

（2）依次录入采购类型信息，然后单击"保存"按钮。

> **提示：**
> "是否默认值"表示是否将某个采购类型设置为填制单据时默认的采购类型。对于经常发生的采购类型来说，设置时可以选择"是"，即设置为默认值。

5.设置销售类型

（1）以账套主管（01 章曼）身份进入系统，执行"基础设置"|"购销存"|"销售类型"命令，打开"销售类型"窗口。

（2）录入销售类型信息，然后单击"保存"按钮。

> **提示：**
> 系统预置了"普通销售"，"出库类别"默认为"销售出库"，"是否默认值"为"否"。"是否默认值"表示在进行单据的录入或修改、调用时是否将某个销售类型设置为默认的销售类型，单击鼠标可以直接进行修改。

5.1.4 设置企业基础科目

【任务描述】

设置悦华公司购销存系统的基本科目、控制科目、产品科目和结算方式科目。

【知识储备】

购销存系统的存货核算子系统是业务管理系统与财务管理系统的接口，与企业的采购业务、销售业务及总账系统均有着密切的关系。存货核算子系统的功能主要是把各种出入库单据记账并核算出库成本，然后生成凭证并传递到总账系统。为此，财务人员在进行日常业务处理前应先在购销存系统中设置正确、完整的基础科目，否则无法生成完整的凭证。

【任务实施】

一、业务资料

根据如下内容设置悦华公司购销存系统的企业基础科目：

1.存货科目见表 5-7。

表 5-7 存货科目

仓库编码	仓库名称	存货科目编码	存货科目名称
01	女装仓库	1405	库存商品
02	男装仓库	1405	库存商品
03	童装仓库	1405	库存商品

2. 存货对方科目见表 5-8。

表 5-8　存货对方科目

收发类别编码	收发类别名称	对方科目编码	对方科目名称	暂估科目编码	暂估科目名称
11	采购入库	1402	在途物资	220201	应付账款-暂估应付款
21	销售出库	6401	主营业务成本	—	—

3. 供应商往来基本科目见表 5-9。

表 5-9　供应商往来基本科目

应付科目(本币)	采购科目	采购税金科目
220202 一般应付账款 (受控系统为应付)	1402 在途物资	222108 应交税费-应交增值税 (进项税额)

4. 供应商往来结算方式科目见表 5-10。

表 5-10　供应商往来结算方式科目

结算方式	币种	科目
现金	人民币	1001 库存现金
现金支票	人民币	100201 银行存款-工行存款
转账支票	人民币	100201 银行存款-工行存款
电汇	人民币	100201 银行存款-工行存款

5. 客户往来基本科目见表 5-11。

表 5-11　客户往来基本科目

应收科目(本币)	销售收入科目	应交增值税科目
1122 应收账款 (受控系统为应收)	6001 主营业务收入	222107 应交税费-应交增值税 (销项税额)

6. 客户往来结算方式科目见表 5-12。

表 5-12　客户往来结算方式科目

结算方式	科目
现金	1001 库存现金
现金支票	100201 银行存款-工行存款
转账支票	100201 银行存款-工行存款
同城特约委托	100201 银行存款-工行存款

二、操作步骤

1. 设置存货科目

（1）以账套主管（01 章曼）身份进入系统，执行"核算"|"科目设置"|"存货科目"命令，打开"存货科目"窗口。

（2）单击"增加"按钮，然后在"仓库编码"下拉列表中选择"01"，在"存货科目编码"下拉列表中选择"1405"。

（3）单击"增加"按钮，继续增加其他存货科目。

（4）单击"退出"按钮。

> **提示：**
> 　　存货科目是设置生成凭证所需的科目，它既可以按仓库也可以按存货分类进行设置。

2. 设置存货对方科目

（1）以账套主管（01 章曼）身份进入系统，执行"核算"|"科目设置"|"存货对方科目"|命令，打开"对方科目设置"窗口。

（2）单击"增加"按钮，然后在"收发类别编码"下拉列表中选择"11"，在"对方科目编码"下拉列表中选择"1402"，在"暂估科目编码"下拉列表中选择"220201"。

（3）继续单击"增加"按钮，然后在"收发类别编码"下拉列表中选择"21"，在"对方科目编码"下拉列表中选择"6401"。

（4）单击"退出"按钮。

> **提示：**
> 　　对方科目是设置生成凭证所需要的存货对方科目，对方科目不可以按收发类别设置。

3.设置供应商往来科目(基本科目、结算方式科目)

(1)以账套主管(01 章曼)身份进入系统,执行"核算"|"科目设置"|"供应商往来科目"命令,打开"供应商往来科目设置"窗口。

(2)在左边的树形结构中打开"基本科目设置"文件夹,然后在"应付科目"区域的"本币"下拉列表中选择"220202",在"采购科目"的下拉列表中选择"1402",在"采购税金科目"的下拉列表中选择"222108"。

(3)单击"退出"按钮。

提示:

　　1.如果已经为不同的供应商(供应商分类、地区分类)分别设置了应付账款核算科目和预付账款核算科目,则在此处可以不录入这些科目。系统在"控制科目设置"中提供了针对不同的供应商(供应商分类、地区分类)分别设置科目的功能。

　　2.如果用同一个科目核算应付账款和预付账款,则预付账款科目可以和应付账款科目相同。

　　3.应付科目必须是已经在会计科目档案中指定为应付系统的受控科目。

---

(4)在左边的树形结构中打开"结算方式科目设置"文件夹,然后在"结算方式"下拉列表中选择"现金",在"币种"下拉列表中选择"人民币",在"科目"下拉列表中选择"1001"。

(5)参照上述操作,继续设置其他结算方式科目。

(6)单击"退出"按钮。

4.设置客户往来科目(基本科目、结算方式科目)

(1)以账套主管(01 章曼)身份进入系统,执行"核算"|"科目设置"|"客户往来科目"命令,打开"客户往来科目设置"窗口。

(2)在左边的树形结构中打开"基本科目设置"文件夹,然后在"应收科目"的"本币"下拉列表中选择"1122",在"销售收入科目"的下拉列表中选择"6001",在"应交增值税科目"的下拉列表中选择"222107"。

(3)单击"退出"按钮。

(4)在左边的树形结构中打开"结算方式科目设置"文件夹,然后在"结算方式"的下拉列表中选择"现金",在"币种"的下拉列表中选择"人民币",在"科目"的下拉列表中选择"1001"。

(5)参照上述操作,继续设置其他结算方式科目。

(6)单击"退出"按钮。

5.1.5　购销存系统期初数据录入

【任务描述】

录入悦华公司购销存系统的期初数据。

【知识储备】

账簿都应有期初数据,以保证数据的连续性。因此,购销存系统的采购系统中需要录入供应商往来期初数据,销售系统中需要录入客户往来期初数据,并分别进行期初记账。期初记账是指将已经录入系统各仓库中的各种存货的所有期初数据(包括期初余额、期初差异等数据)记入库存台账、批次台账、存货明细账、存货差异账和总账。期初数据录入系统后,只有完成期初记账才能进行日常业务处理,如账簿查询、统计分析等操作。

【任务实施】

一、业务资料

根据以下资料录入悦华公司购销存系统的期初数据。

1. 采购参数见表 5-13。

表 5-13 采购参数

项目名称	参数设置
业务控制	(1)允许查看和修改他人的单据专用发票;默认税率为 13.00 (2)入库单单价手工录入
应付参数	默认

2. 采购系统期初数据如下:

(1)2018 年 12 月 22 日,与金源公司签订合同,采购女式毛衫 100 件,暂估单价 150.00元,验收合格后入女装仓库,发票暂未收到。

(2)2018 年 12 月 25 日,与平东公司签订合同,采购男式上衣 200 件,不含税单价为300.00 元,发票已开(发票号:00547360)。

3. 库存和存货系统期初数据见表 5-14。

表 5-14 库存和存货系统期初数据

存货编码	仓库名称	存货名称	数量	单价/元
01	女装仓库	女式毛衫	400	150.00
02	女装仓库	女式套裙	400	750.00
03	男装仓库	男式上衣	100	300.00
04	男装仓库	男式西裤	2 000	100.00
05	童装仓库	儿童套装	30	200.00

> **提示:**
>
> 　　期初数据在存货管理系统录入完毕后,必须在库存管理系统执行"初始设置"|"期初结存"命令,审核后才能生效。

　　4.供应商往来期初数据见表5-15。应付账款科目的期初余额为72 000.00元,以采购普通发票方式录入。

表 5-15　供应商往来期初数据

日期	发票号	供应商	业务员	科目	货物代码	数量	单价
2018-12-20	0000000001	金源公司	刘军越	220202	03	240	300.00

　　5.客户往来期初数据见表5-16。应收账款科目的期初余额为13 350.00元,以销售普通发票方式录入。

表 5-16　客户往来期初数据

日期	发票号	客户	业务员	科目	货物代码	数量	单价
2018-12-20	0000000001	佳润公司	夏明雪	1122	04	89	150.00

二、操作步骤

　　1.设置采购系统参数

　　(1)以账套主管(01 章曼)身份进入系统,执行"采购"|"采购业务范围设置"命令,打开"采购系统选项设置"对话框。

　　(2)打开"业务控制"页签,按照要求设置相应的参数。

　　(3)打开"应付参数"页签,按照要求设置相应的参数。

　　(4)设置完毕,单击"确认"按钮。

　　2.录入采购系统期初数据

　　(1)货到票未到业务的处理

　　①以采购员(07 徐坤)身份进入系统,执行"采购"|"采购入库单"命令,打开"期初采购入库单"窗口。

　　②单击"增加"按钮右侧的三角形按钮,在下拉列表中选择"采购入库单",然后录入入库日期为"2018-12-22",选择仓库为"女装仓库",选择供货单位为"金源公司"。

　　③选择存货编码为"01",录入数量为"100"、暂估单价为"150.00"。

　　④单击"保存"按钮,再单击"退出"按钮。

（2）票到货未到业务的处理

①以采购员（07 徐坤）身份进入系统，执行"采购"|"采购发票"命令，打开"期初采购专用发票"窗口。

②单击"增加"按钮，在下拉列表中选择"专用发票"。

③录入发票号为"00547360"、开票日期为"2018-12-25"，选择供货单位为"平东公司"。

④选择存货编码为"03"，录入数量为"200"、单价为"300.00"。

⑤单击"保存"按钮，再单击"退出"按钮。

3. 进行采购系统期初记账

（1）以账套主管（01 章曼）身份进入系统，执行"采购"|"期初记账"命令，打开"期初记账"提示框。

（2）单击"记账"按钮，再单击"确定"按钮。

提示：

即使没有期初数据也可以进行期初记账，以便录入日常采购单据数据；如果已做"月末结账"处理，则不能取消期初记账。

---

4. 录入库存/存货期初数据

（1）以库管员（08 刘源）身份进入系统，执行"库存"|"期初数据"|"库存期初"命令，打开"期初余额"窗口。

（2）在"仓库"下拉列表中选择"01"，然后单击"增加"按钮。

（3）依次录入库存/存货期初数据后，单击"保存"按钮。

（4）单击"记账"按钮，系统会对所有仓库进行记账。

（5）系统弹出"期初记账成功！"提示框后，单击"退出"按钮。

5. 录入供应商往来期初数据并与总账系统进行对账

（1）以账套主管（01 章曼）身份进入系统，执行"采购"|"供应商往来"|"供应商往来期初"命令，打开"期初余额查询"对话框。

（2）单击"确认"按钮，打开"期初余额明细表"窗口。

（3）单击"增加"按钮，打开"单据类别"对话框，然后选择"单据类型"为"普通发票"。

（4）单击"确认"按钮，打开"采购普通发票"窗口，然后按要求录入应付期初数据。

（5）在"期初余额明细表"窗口单击"对账"按钮，与总账系统进行对账。

6. 录入客户往来期初数据并与总账系统进行对账

（1）以账套主管（01 章曼）身份进入系统，执行"销售"|"客户往来"|"客户往来期初"命令，打开"期初余额查询"对话框。

（2）单击"确认"按钮，打开"期初余额明细表"窗口。

（3）单击"增加"按钮，打开"单据类别"对话框，然后选择"单据类型"为"普通发票"。

（4）单击"确认"按钮，打开"销售普通发票"窗口，然后按要求录入应收期初数据。

（5）在"期初余额明细表"窗口单击"对账"按钮，与总账系统进行对账。

任务 5.2　购销存系统日常管理

【学习目标】

1. 能够处理采购订货、采购到货及采购结算业务。

2. 能够处理销售订货、销售出库及销售结算业务。

【知识结构】

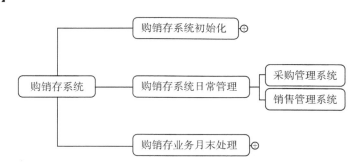

5.2.1　采购管理系统

【任务描述】

在采购管理系统中处理采购入库单和采购发票,并根据采购发票确认采购入库成本和进行付款结算。

【知识储备】

采购管理系统的主要功能是对采购申请、采购订货、进货检验、仓库收料、采购退货、价格管理、质检管理、库存信息和订单执行情况等业务资料进行查询和处理,并根据企业业务及管理需要提供业务管理报表及业务分析资料。同时,还可根据需要对业务资料进行修改、作废、审核、关闭、查询、打印输出、引入、传递共享等操作。

采购管理系统的典型业务流程为:请购—采购订货—采购到货—采购入库—采购发票—采购结算。

【任务实施】

一、业务资料

悦华公司 2019 年 1 月份发生如下经济业务:

[业务 21]5 日,与正旺公司签订购销合同,购买 200 件女式毛衫,不含税单价为 150.00 元。

[业务 22]6 日,商品到达企业,验收入库。

[业务 23]8 日,收到正旺公司开具的增值税专用发票。

[业务 24]8 日,用转账支票支付正旺公司货款,价税合计 33 900.00 元。

二、操作步骤

1.录入并审核采购订单

（1）以采购员（07 徐坤）身份进入系统，执行"采购"|"采购订单"命令，打开"采购订单"窗口。

（2）单击"增加"按钮，然后录入日期为"2019-01-05"，选择供货单位为"正旺公司"、存货编号为"01"，录入数量为"200"、本币单价为"150.00"。

（3）单击"保存"按钮。（如图 5-4 所示）

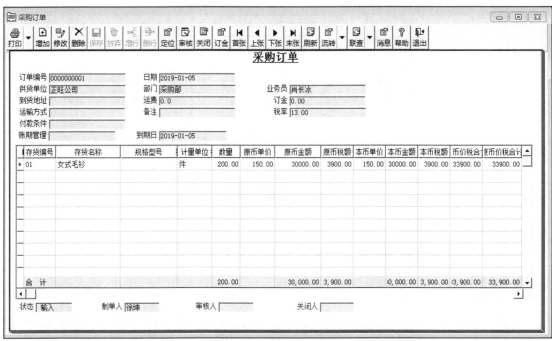

图 5-4　"采购订单"窗口

（4）单击"审核"按钮。

（5）单击"退出"按钮。

提示：

1.在填制采购订单时，单击鼠标右键可查看现有存货量。

2.如果在存货档案中设置了最高进价，那么当采购订单中的货物进价高于最高进价时，系统会自动报警。

3.订单编号由系统自动生成，可以修改但不能重复。

4.如果采购业务需要按照部门或业务员进行考核，则须录入相关信息。

5.采购订单保存后，可在"订单明细列表"中查询。

---

2. 处理采购入库单

（1）填制采购入库单

①以采购员（07 徐坤）身份进入系统，执行"采购" | "采购入库单"命令，打开"采购入库单"窗口。

②单击"增加"按钮，然后录入入库日期为"2019-01-06"，选择仓库为"女装仓库"、供货单位为"正旺公司"、存货编号为"01"，录入数量为"200"、单价为"150.00"。

③单击"保存"按钮。（如图 5-5 所示）

④单击"退出"按钮。

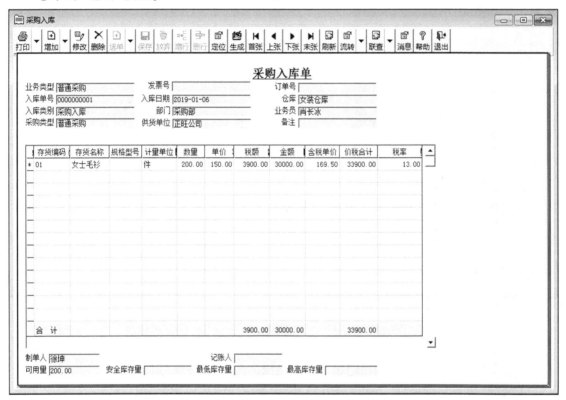

图 5-5 "采购入库单"窗口

提示：

完成采购订单后，可以直接单击"流转"按钮，生成采购入库单，也可通过单击鼠标右键选择"拷贝订单"，参照已审核的采购订单来填制采购入库单。

（2）审核采购入库单

①以库管员"08 刘源"身份进入系统，执行"库存" | "采购入库单审核"命令，打开"采购入库单"窗口。

②单击"审核"按钮，再单击"退出"按钮。

（3）进行采购入库单记账并生成入库凭证

①以会计"04 陈明宏"身份进入系统,执行"核算"|"核算正常单据记账"命令,打开"正常单据记账条件"窗口。（如图5-6所示）

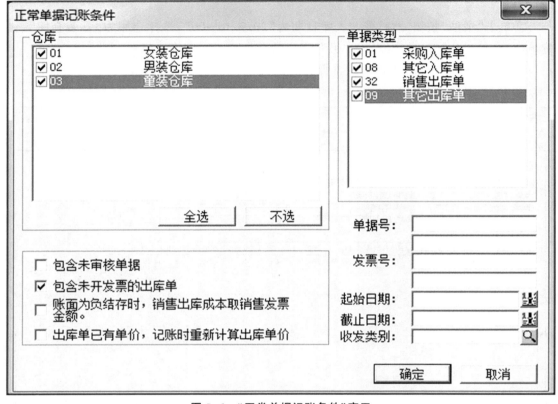

图 5-6　"正常单据记账条件"窗口

②单击"确定"按钮,打开"正常单据记账"窗口。

③选中拟记账的单据,单击"记账"按钮,退出。

④执行"核算"|"凭证"|"购销单据制单"命令,打开"生成凭证"窗口。

⑤单击"选择"按钮,打开"查询条件"对话框。

⑥单击"全选"按钮,再单击"确认"按钮,打开"未生成凭证一览表"窗口。

⑦双击拟制单的记录行,再单击"确定"按钮,打开"生成凭证"窗口。

⑧选择"凭证类别"为"记账凭证",录入"存货科目"为"1405"、"对方科目"为"1402"。

⑨单击"生成"按钮,打开"填制凭证"窗口。

⑩修改凭证日期为"2019.01.06",选中"库存商品"科目并将鼠标移到凭证下方辅助信息区域,待鼠标变成笔头后双击,打开"辅助项"对话框。

⑪在"项目名称"下拉列表中选择"女式毛衫",然后单击"确认"按钮。

⑫单击"保存"按钮,凭证左上角出现"已生成"标志。

这表示凭证已生成并传递到了总账系统。（如图5-7所示）

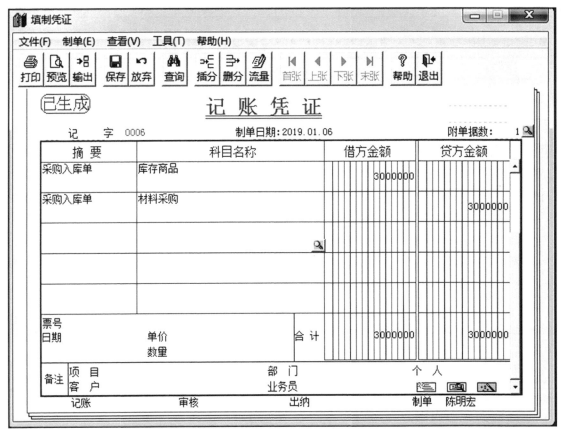

图 5-7　采购入库单记账并生成入库凭证

3. 处理采购发票

（1）填制采购发票

①以采购员（07 徐坤）身份进入系统，执行"采购"|"采购入库单"命令，打开"采购入库单"窗口。

②单击"流转"按钮生成采购发票，然后录入发票号、税率等信息。

③单击"保存"按钮，再单击"退出"按钮。

（2）进行采购发票复核及采购结算

①将填制的采购发票保存、审核，然后单击"复核"按钮。（如图 5-8 所示）

②单击"结算"按钮，进行采购结算。

③单击"退出"按钮。

（3）生成采购发票应付凭证

①以会计"04 陈明宏"身份进入系统，执行"核算"|"凭证"|"供应商往来制单"命令，打开"供应商制单查询"对话框。

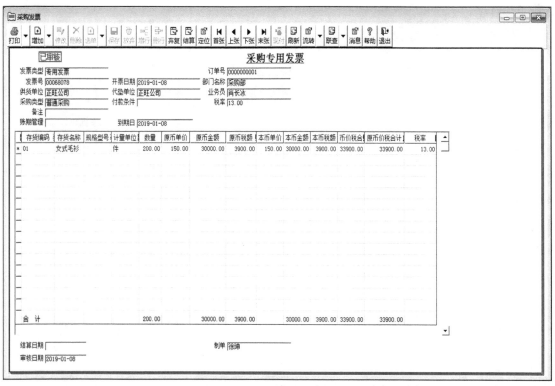

图 5-8　复核采购发票

> **提示：**
>
> 　　采购结算也可通过执行"采购"丨"采购结算"命令的方式完成，分为手工结算和自动结算。当入库单中的货物金额与采购发票金额一致时，既可以采用自动结算，也可以采用手工结算；当货物金额存在短缺等情况时，只能采用手工结算。
>
> 　　如果要修改或删除入库单、采购发票，则须先取消采购结算。

　　②选中"发票制单"，然后单击"确认"按钮，打开"单据处理"窗口。

　　③双击拟审核的单据，然后选中"记账凭证"。

　　④单击"制单"按钮，打开"填制凭证"窗口。

　　⑤修改凭证日期为"2019.01.08"，录入附单据数为"2"。

　　⑥单击"保存"按钮，凭证左上角出现"已生成"标志。

　　这表示凭证已生成并传递到了总账系统。

4. 付款结算

（1）填制并核销付款单

　　①以采购员（07 徐坤）身份进入系统，执行"采购"丨"供应商往来"丨"付款结算"命令，打开"付款单"窗口，然后在供应商下拉列表中选择"正旺公司"。

　　②单击"增加"按钮，然后录入核销日期为"2019-01-08"、结算方式为"202 转账支票"、

金额为"33 900.00"、票据号为"13806672"。

③单击"保存"按钮,再单击"核销"按钮。

④ 在弹出的拟核销单据的"本次结算"文本框中,录入"33 900.00"。

⑤单击"保存"按钮,再单击"退出"按钮。

> **提示:**
>
> 本次结算金额与应付款金额一致,单击"自动"按钮后,"自动结算"栏自动显示结算金额;反之,则需要手工录入结算金额。

（2）生成付款凭证

①以会计"04 陈明宏"身份进入系统,执行"核算"|"凭证"|"供应商往来制单"命令,打开"供应商制单查询"窗口。

②选中"核销制单",单击"确认"按钮,打开"单据处理"窗口。

③双击拟审核的单据,再单击"制单"按钮,打开"填制凭证"窗口。

④修改凭证日期为"2019.01.08",然后单击"保存"按钮,凭证左上角出现"已生成"标志。

这表示凭证已生成并传递到了总账系统。

5.2.2　销售管理系统

【任务描述】

在销售管理系统中处理销售出库单和销售发票,并根据销售发票进行销售收款业务处理。

【知识储备】

销售管理系统适用于大多数企业的日常销售业务,与其他系统配合能够实现对销售订单、销售发货单、销售发票及销售收款的全过程管理。

【任务实施】

一、业务资料

悦华公司 2019 年 1 月份发生如下经济业务:

[业务 25]15 日,销售员王宇静与福兴公司签订购销合同,销售男式上衣 100 件,不含税单价为 500.00 元。

[业务 26]17 日,福兴公司来提货,销售部根据合同通知仓管部发出货物。库管员根据发货单核准货物及数量后,交付福兴公司。

[业务 27]20 日,销售员李现根据购销合同向福兴公司开具销售专用发票。

[业务 28]20 日,收到福兴公司转账支票,已入账,金额为 56 500.00 元。

二、操作步骤

1. 录入并审核销售订单

（1）以销售员（06 李现）身份进入系统，执行"销售"｜"销售订单"命令，打开"销售订单"窗口。

（2）单击"增加"按钮，然后录入销售日期为"2019－01－15"，选择销售类型为"普通销售"、客户名称为"福兴公司"、销售部门为"销售部"、货物名称为"03 男式上衣"，录入数量为"100"、无税单价为"500.00"、预发货日期为"2019－01－17"。

（3）单击"保存"按钮，再单击"审核"按钮，打开"审核"对话框。

提示：

制单人可以修改、删除已保存的销售订单，但不能修改他人填制的销售订单。

（4）单击"是"按钮，再单击"确定"按钮，完成订单审核。

（5）单击"退出"按钮。

2. 处理销售发货单

（1）填制并审核销售发货单

①以销售员（06 李现）身份进入系统，执行"销售"｜"销售发货单"命令，打开"发货单"窗口。

②单击"增加"按钮，打开"选择订单"对话框。

③单击"显示"按钮，选择已审核的销售订单。

④单击"确认"按钮，将销售订单信息传递到发货单，然后录入发货日期为"2019－01－17"，选择仓库为"男装仓库"。

⑤单击"保存"按钮，再单击"审核"按钮。

⑥单击"退出"按钮。

（2）生成并审核销售出库单

①以库管员（08 刘源）身份进入系统，执行"库存"｜"销售出库单生成/审核"命令，打开"销售出库单"窗口。

②单击"生成"按钮，打开"发货单或发票参照"对话框，然后录入出库日期为"2019－01－17"。

③选择"全部"，然后单击"确认"按钮，将发货单信息传递到销售出库单。

④单击"确定"按钮，再单击"审核"按钮。

⑤单击"退出"按钮。

（3）进行销售出库单记账并生成凭证

①以会计"04 陈明宏"身份进入系统，执行"核算"｜"核算正常单据记账"命令，打开"正常单据记账条件"窗口。

②单击拟记账单据前的"选择"栏，然后选择出现的"√"图标；或者单击工具栏的"全

选"按钮。

③选择所有单据,然后单击"记账"按钮;记账完毕,窗口不再显示单据。

④执行"核算"|"凭证"|"购销单据制单"命令,打开"生成凭证"窗口。

⑤单击"选择"按钮,打开"查询条件"对话框。

⑥单击"全选"按钮,再单击"确认"按钮,打开"选择单据"窗口。

⑦双击拟制单的记录行,再单击"确定"按钮,打开"生成凭证"窗口。

⑧单击"生成"按钮,打开"填制凭证"窗口。

⑨修改凭证日期为"2019.01.17",录入附单据数为"2"。

⑩选中"主营业务成本"科目并将鼠标移到凭证下方辅助信息区域,待鼠标变成笔头后双击,打开"辅助项"对话框。

在"项目名称"下拉列表中选择"男式上衣",然后单击"确认"按钮。

单击"保存"按钮,凭证左上角显示"已生成"标志。

这表示凭证已生成并传递到了总账系统。

3. 处理销售发票

(1)填制并复核销售发票

①以销售员(06 李现)身份进入系统,执行"销售"|"销售发票"命令,打开"销售发票"窗口。

②单击"增加"按钮,在下拉列表中选择"专用发票"。

③单击"选单"按钮,选择发货单并打开"选择发货单"对话框。

④单击"显示"按钮,选择拟处理的发货单。

⑤单击"确认"按钮,将发货单信息传递到销售专用发票。

⑥录入开票日期"2019-01-20",然后单击"保存"按钮。

⑦单击"复核"按钮,再单击"退出"按钮。

(2)生成销售收入凭证

①以会计"04 陈明宏"身份进入系统,执行"核算"|"凭证"|"客户往来制单"命令,打开"制单查询"对话框。

②选中"发票制单"复选框,然后单击"确认"按钮,打开"销售发票制单"窗口。

③单击"全选"按钮,再单击"制单"按钮,系统会显示根据发票生成的记账凭证。

④修改凭证日期为"2019.01.20",录入附单据数为"1"。

⑤选中"主营业务收入"科目并将鼠标移到凭证下方辅助信息区域,待鼠标变成笔头后双击,打开"辅助项"对话框。

⑥在"项目名称"下拉列表中选择"男式上衣",然后单击"确认"按钮。

⑦单击"保存"按钮,凭证左上角显示"已生成"标志。

这表示凭证已生成并传递到了总账系统。

4. 收款结算

(1)填制并核销收款单

①以销售员(06 李现)身份进入系统,执行"销售"|"客户往来"|"收款结算"命令,打开"收款单"窗口。

②选择客户为"002 北京福兴商贸有限公司",然后单击"增加"按钮。

③录入结算日期为"2019–01–20"、结算方式为"202 转账支票"、金额为"56 500.00"。

④单击"保存"按钮,再单击"核销"按钮。

⑤在"本次结算"栏中录入"56 500.00",然后单击"保存"按钮。

⑥单击"退出"按钮。

（2）生成收款凭证

①以会计"04 陈明宏"身份进入系统,执行"核算"|"凭证"|"客户往来制单"命令,打开"制单查询"对话框。

②选中"核销制单"复选框,然后单击"确定"按钮,打开"核销制单"窗口。

③单击"全选"按钮,再单击"制单"按钮,系统会显示根据收款单生成的凭证。

④单击"保存"按钮,凭证左上角显示"已生成"标志。

这表示凭证已生成并传递到了总账系统。

任务 5.3　购销存业务月末处理

【学习目标】

1.掌握购销存系统月末结账的操作方法。

2.掌握购销存系统相关账表的查询和统计操作方法。

【知识结构】

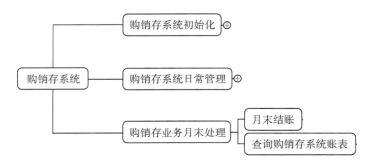

5.3.1　月末结账

【任务描述】

完成采购管理系统、销售管理系统、库存管理系统与核算系统之间的月末结账。

【知识储备】

只有采购管理系统、销售管理系统结账后,库存管理系统才能结账,库存管理系统结账后,核算系统才能进行月末结账,因此要注意结账的先后顺序。月末结账完成后,该月的单据不能修改、删除。

【任务实施】

1. 进行采购系统月末结账

(1)以账套主管(01 章曼)身份进入采购系统,执行"月末结账"命令,打开"月末结账"对话框。

(2)选择会计月份为"1",然后单击"结账"按钮,系统弹出提示:"月末结账完毕!"(如图 5-9 所示)

图 5-9　采购系统"月末结账"对话框

(3)单击"确定"按钮,然后 1 月份"是否结账"栏会显示"已结账"。

提示:

1. 月末结账后,如果发现某张单据有错,则可选中该单据所在月份,然后单击"取消记账"按钮,取消该月的月末结账。需要注意的是,只能从最后一个月开始逐月取消月末结账,不能跳月取消。

2. 如果没有进行期初记账,则不能进行月末结账。

3. 如果当月的结算单还有未核销的,则不能进行月末结账。

(4)单击"退出"按钮,返回。

2. 进行销售系统月末结账

（1）以账套主管（01 章曼）身份进入销售系统，执行"月末结账"命令，打开"月末结账"对话框。

（2）单击"月末结账"按钮，然后 1 月份"已经结账"栏会显示"是"。

（3）单击"退出"按钮。

3. 进行库存系统月末结账

（1）以账套主管（01 章曼）身份进入库存系统，执行"月末结账"命令，打开"结账处理"对话框。

（2）单击"月末结账"按钮，然后 1 月份"已经结账"栏会显示"是"。（如图 5-10 所示）

图 5-10　库存系统"结账处理"对话框

提示：

　　1. 只有在当前会计月份所有工作全部完成的前提下，才能进行库存系统月末结账。

　　2. 结账只能由有结账权限的人员完成。

　　3. 进行月末结账之前，一定要备份数据。

　　4. 结账后不能再做当月业务，若发生结账错误，则可用"取消结账"功能先取消结账，待处理完该月业务后再重新结账。

（3）单击"退出"按钮。

4. 进行核算系统月末结账

（1）以账套主管（01 章曼）身份进入核算系统，执行"期末处理"命令，打开"期末处理"对话框。（如图 5-11 所示）

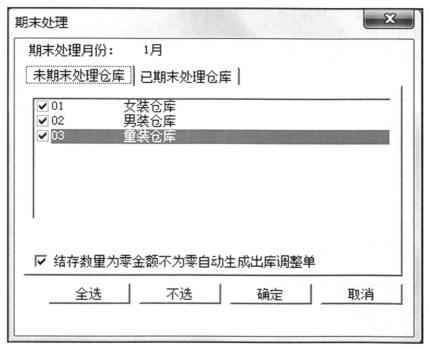

图 5-11　核算系统"期末处理"对话框

（2）单击"全选"按钮，或者分别选中"女装仓库""男装仓库""童装仓库""结存数量为零金额不为零自动生成出库调整单"复选框。

（3）单击"确定"按钮，系统弹出提示："您将对所选仓库进行期末处理,确认进行吗?"

（4）单击"确定"按钮，系统弹出提示："期末处理完毕!"

（5）执行"月末结账"命令,打开"月末结账"对话框。

（6）单击"确定"按钮，系统弹出提示："月末结账完成!"

（7）单击"确定"按钮。

5.3.2　查询购销存系统账表

【任务描述】

月末结账后,进行购销存系统账表查询。

【知识储备】

购销存系统账表查询的操作方法大同小异。当选择查询某一账表时,系统会弹出查询条件录入对话框,点击"确认"按钮,即进入该账表查询界面。用户可根据需要录入查询条件,然后系统会根据这些条件筛选出用户所需的数据;如果不录入查询条件,则默认为查询全部数据。

1. 采购管理系统账表查询

（1）采购明细表查询

主要包括入库明细表、结算明细表、费用明细表、货到票未到明细表、票到货未到明细表、增值税抵扣明细表和采购发票核销明细表查询等。

（2）采购统计表查询

主要包括订单执行统计表、采购订货统计表、入库统计表、采购结算统计表、货到票未到统计表、票到货未到统计表、采购综合统计表和供应商催货函查询等。

（3）采购账簿查询

主要包括在途货物余额表和暂估入库余额表查询等。

（4）供应商往来账表查询

主要包括供应商往来总账、供应商往来余额表、供应商往来明细账和供应商往来对账单查询等。

2. 销售管理系统账表查询

（1）销售明细账查询

主要包括销售收入明细账、销售成本明细账、发货单结算收款勾对表和劳务收入明细账查询等。

（2）销售明细表查询

主要包括销售订货明细表、现收款明细表、发货明细表、退货明细表、普通发票使用明细表、专用发票使用明细表、代垫费用明细表、销售费用明细表和销售发票核销明细表查询等。

（3）销售统计表查询

主要包括销售统计表、劳务收入统计表、发货统计表、发货开票收款统计表、销售日报、发票日报、发货日报、销售订货汇总表、销售订货执行汇总表、代垫费用统计表、发货单预计毛利、销售费用统计表和进销存统计表查询等。

（4）客户往来账表查询

主要包括客户往来总账、客户往来余额表、客户往来明细账和客户往来对账单查询等。

3. 库存管理系统账表查询

（1）库存账簿查询

主要包括出入库流水账、库存台账、批次台账、存货结存表、批次结存表和代管账查询等。

（2）库存统计分析

主要包括收发存汇总表、存货分布表、存货批次汇总表和批次存货汇总表查询等。

（3）库存货位查询

主要包括货位结存表、货位卡片和货位汇总表查询等。

【任务实施】

一、业务资料

2019 年 1 月 31 日完成月末结账后，查询悦华公司入库统计表、客户往来明细账和存货结存表。

二、操作步骤

1. 查询入库统计表

（1）以账套主管（01 章曼）身份进入系统，执行"采购"｜"采购统计表"｜"入库统计表"命令,打开"查询［入库统计表］"对话框,查询条件选择默认。

(2)单击"确认"按钮,即可打开"入库统计表"窗口。

2.查询客户往来明细账

(1)以账套主管(01章曼)身份进入系统,执行"销售"|"客户往来账表"|"客户往来明细账"命令,打开"应收查询条件"对话框,查询条件选择默认。

(2)单击"确认"按钮,即可打开"客户往来明细账"窗口。

3.查询存货结存表

(1)以账套主管(01章曼)身份进入系统,执行"库存"|"库存账簿查询"|"存货结存表"命令,打开"存货结存表查询条件"对话框。

(2)选择金额计算依据为"参考成本",同时选中全部仓库。

(3)单击"确认"按钮,即可打开"存货结存表"窗口。

参考书目

[1]高学礼,张松梅.会计电算化(T3)[M].北京:中国财政经济出版社,2014.

[2]杜修芹,王丹.会计软件应用[M].北京:人民邮电出版社,2014.

[3]徐言琨,李淑霞.用友T3会计电算化应用教程[M].北京:人民邮电出版社,2015.

[4]王庆春,万云江.会计电算化原理与实训(用友T3版)[M].2版.北京:高等教育出版社,2017.

[5]孙莲香,秦竞楠.财务软件实用教程(用友U8 V10.1)[M].微课版.北京:清华大学出版社,2019.

[6]张婷.会计电算化教程(畅捷通T3教育专版)[M].北京:机械工业出版社,2019.